思想家眼中的艺术丛书

Heidegger Reframed

Barbara Bolt

解读艺术:海德格尔

[澳] 芭芭拉·波尔特—— 著

章 辉 —— 译

重庆大学出版社

目　录
CATALOG

1

『第八章』

艺术研究

总 序
PREFACE

解读与重塑

"思想家眼中的艺术丛书"陆续出版。本丛书以重构为题，审视西方著名思想家论艺术及视觉文化的视角。正如译文中所言，重构预示了将再　次地构建，不只是向国内艺术学领域的读者们较为全面地介绍这些西方当代思想家的观点，更是试图以重构之名从艺术学的视角剖析他们曾经的一些质疑与拷问。当然，在各种信息平台已经对这些思想家们的话语进行反复解读的今天，本丛书为解读被讨论的思想家们及其成就无疑提供了一个易于接受的新视角，从这个意义来讲，重"构"实际上是为了重"塑"。

以"从视觉出发"为立足点，通过层层揭示和实例分析，使我们能够从深奥难解的语句中，了解到思想家们敏锐而深邃的观察力和思想力，如海德格尔借助对艺术的探析思考"存在之意义"，利奥塔、拉康围绕着"物"的空无对艺术所作的阐释，德勒兹对"根茎"概念的分析进而提出了一种新的思维模式……这或许就是换一种方式，对上述思想家进行再认识或重塑其道的注解版。众所周知，这些思想家的独特见解和他们提出的某些概念，已被国内研究者们在不同领域中进行了深化和拓展。

其中，海德格尔对艺术真理的追问，以及试图确切地阐释艺术的本质究竟是什么，如他认为艺术的本质是一种"模式"，并揭示被遮蔽但可通过艺术家置入其中的真理。再如德勒兹的"根茎"思维模式，为我们认知层次分明的西方文化认识系统提供了有效的帮助。尽管我们并不能认为"根茎"思维模式就是对西方传统意义上的"树状"思维模式的一种挑战或替代，但后者的延展与联结方式的局限性显然已经凸显。

其中，难免会带有原作者个人的观点或倾向性，但这并不妨碍我们从"艺术"的视角对思想家们成就的再度认识和评价。在今天，随着"互联网+"，甚至是"万物联网+"热潮的兴起，我们审视艺术的方式也在发生变化，艺术、技术甚至是科技的本质与意义再次被追问和思考的同时，全面地研究和解析西方著名思想家们的艺术观，可以更为深刻地从"高技术"崇拜的表象下，理解艺术本体以及艺术与技术的结合在当代的价值和意义。因此，本丛书的推出，不是为了回顾过去的艺术或对文献进行补充，而是提请艺术界同仁共同思考如何理解和看待今天乃至未来的新艺术。

重庆大学出版社独具慧眼，与时俱进，积极组织学术力量开展丛书的编译工作，"思想家眼中的艺术丛书"今天能够成功付梓，当是丛书团队高定位、高效率的完美回报，也是出版部门与诸位译者精诚合作、辛勤工作的成果。相信本丛书能够在我国方兴未艾的艺术教育和艺术研究事业中发挥应有的作用。

是为序。

张夫也

2015年深秋于北京清华园

导 言
INTRODUCTION

关于"存在"的含义有待于确切阐述。所以，我们要着眼于以下这些结构性的术语来讨论它。

探究，作为一种探寻，必须提前得到探寻之物的引导信息。所以，"存在"的含义必须事先在某种程度上为我们所得……我们通常是在对"存在"的理解中展开活动的。正是出于这种理解，既产生了"存在之意义"这一明确的问题，也激发了我们的意向，促使我们去构想"存在之意义"。我们不知道"存在"是什么意思，但即使我们拷问："存在是什么？"尽管我们不能从概念上确定"是"意味着什么，但我们心里对"是"还是有所理解。尽管我们还不明了此界限，但"存在之意义"依据某种界限被掌握和确定。因此事实上我们对"存在"的一般性理解还是模糊。（《存在与时间》，1962）

问题：

重构海德格尔意味着什么？这个问题对于以下读者来

说似乎为时过早：那些刚刚接触海德格尔的人，或费力地去读他的第一手文本，并在理解其术语上寻求指导的人。这些术语来自海氏难懂的、老派的和晦涩的文章，它们是看似冗长和令人费解的循环，海氏以此设置了他的质疑和不断的拷问：什么是"存在"？什么是"虚无"？什么是"技术"？什么是"艺术"？或许看起来，更合适的提问是："构建"海德格尔意味着什么？

在《技术的追问》（1954）里，马丁·海德格尔为我们引入了"座架"的概念。在解释这一概念时，他把我们带回原始的德语单词"Gestell"。他告诉我们，"Gestell"（座架）的意思是某种器械，并且以书架和书柜为例。他又告诉我们，"Gestell"还有骨架的意思。我们可以根据自身的日常经验来理解领会海氏的话。例如，对一幅画或一个窗户来说，窗框（边框）这一结构使我们能观看到外面的世界。它为我们的视野设置了限制，也提供了边界。而我们熟知的骨架，为我们提供了支撑肉体并使之各安其位的构造，它使我们能在世上行走。因此，我们就能明了："Gestell"是一种结构或器械，它为我们在世界上思考什么和如何思考提供可能性并设置限制。人类的感觉尽管如巨大、丰富的团块，但假如没有建构和理解世界的方法，也会毫无意义。这样，"建构"海德格尔就是为了提供一个结构，以帮助我们理解其哲学思想和著述。

当然，曾有许多学者认为海德格尔与纳粹的牵连是无法挽救的，他们拒绝从事海氏著作之研究。然而，其他一些学者指出，海德格尔关于"此在"（即人类"在世界中存在"）之问题的思考，反映了他自身"在（国家社会主义）世界中存在"之压力下的脆弱。因此,"此在"给人类提供了重要的经验教训。对这些学者而言,这正是我们要研究海德格尔著作而不是回避它的原因。

海德格尔凭借自己的能力,依据人类与世界的关系来建构人类的存在或生存,为思想作出最伟大的贡献。海氏认识到人类的存在包括"在世界中存在"和"与他人共在",他承认人类的思想和行为由人类在世界中的关系所造就,这为他的存在哲学提供了根本依据。此种理解在今天看来似乎不证自明,以至于我们很难想象,当海德格尔于1927年首次出版其主要论著《存在与时间》时,这种思想有多么激进。

通过把人类放置于世界上的其他存在与实体之中,海德格尔向流行观点即人类在某种程度上分离于他们所生活的世界提出了挑战。人类不能如旋转木马一般全然与世界分离,仿佛超然独立于世界之外来看待它。对海德格尔来说,人类从不以客观的角度来理解这个世界,因为我们总是已经存在于世界之中,被抛于此世界中,并被世界的动力所裹挟。海德格尔称此为人类的"被抛"。我们"在世界中存在"的经验使我们能够理解"成为(人类)存在"是什么意思。这种对存在或生存的理解挑战并继续挑战着那种关于世界的科学性观点,倾向于使每一种事物(包括人类)都变为研究的客体。

海德格尔"被抛"和"在世界中存在"的观念对以下长久以来的哲学信仰产生了质疑:我们只能通过对世界的思考(我们对事物的观念和表述)——来理解世界。自17世纪以来,当哲学家、数学家勒内·笛卡尔提出了"我思故我在"的格言时，这种观念已被普遍接受：在我们的生活里，唯一确定的东西就是我们能思考。对于笛卡尔和后继的思想家来说，我们心灵之外的世界总是可疑的，我们唯一能确定的就是我们能思考。这样一来，在我们的思考能力之外，我们便从无可能去确定某物或某人是否真的存在。海德格尔将此视为无稽之谈，他认为笛卡尔导致了一种错误转向。对于海德格尔来说，我们不会单独同我们的思想在一起，我们的存在无可逃避地与"在世界中存在"联系在一起。因此，在我们"被抛"之中，我们总是早已受支配于我们所生活的世界。"此在，作为每日与他者共在，立于受他者的支配之中。"（《存在与时间》，1962）用来描绘我们存在的东西不能仅仅被降低为思想，而是必须包括我们对世界的意向和在世界中的行动。这就是我们建立的关系和我们处世的方式——既同人类，也同世上的其他存在物联系。只有通过与事物的联系，而不是通过对世界的某种客观看法，我们才能开始明白成为一个人意味着什么。对我们艺术思考来说，这种观念具有特殊的意义。

海德格尔坚持认为，使我们人类有别于其他存在物——既包括自然物又包括人工制品——的地方，就在于我们考问我们的存在，并对成为一种存在的意义感到疑惑。从我们的日常生活中，我们常常会意识到这种情况。生活中充满了"我们是谁"和"我们是什么"的疑惑和拷问。对海德格尔来说，对存在的拷问是他毕生事业中最核心的关注。

海德格尔所做的每一个探寻，无论是对日常生活的分析、对现代思维的表现主义本质的分析、对现代技术的怀疑，还是对艺术作品的探究——都以这个核心命题为支撑：存在的意义是什么？一种存在者的"存在"是什么意思？丹尼尔·帕尔默已经注意到：

> 自始至终，海德格尔的思想围绕着这样一个基本问题：存在的意义。……当海德格尔探究艺术的时候，他不是要将其作为人类经验的某种特定的和孤立的区域以判定其特性，而是将其作为一个可能的线索来解读存在的意义。

即使是那些特别关注艺术的文章，例如《艺术作品的本源》（1935），也似乎是借此从事和探索"存在"这一主题。海德格尔并不关心艺术品本身，而是通过艺术品来关注存在者的"存在"是如何被揭示的。

海德格尔认为，哲学和艺术的任务是推动思想运动。从我们自己的艺术实践和先锋派艺术模型的"运动"中，可以发现这个当务之急。海德格尔告诉我们，这种运动是不能从沉思性的或理论性的知识中得来的，而是必须采取具体性理解的形式。这种具体性理解，是由我们在世界中打交道和应对世界引发的。尽管日常生活可以成为海德格尔研究的起点，但他从未停留在事物的表面。他相信，在我们的日常生活中，例如在我们的日常艺术实践中，我们受到世上"知"与"行"的习惯性方式的欺骗。他坚持认为，真正的思想"运动"出现于在危机中探索基本概念（而不是捍卫它们）。为了言说"存在"的问题，我们首先必须具备能力去充分地明确阐述这个问题。（《存在与时间》，1962）

海德格尔专注于"存在"和"存在者的存在"，它们看起来很抽象，并远离艺术家的"存在"。在我们从事创作、展览艺术作品，并试图以其谋生之时，考问"存在"的问题对我们有什么用处呢？从公开的引文中（《存在与时间》，1962），我们可以描绘出这样的图景：年轻而狂热的海德格尔在挤满学生的阶梯教室里高谈阔论，在"存在"问题上兜圈子，却不能进一步解释或认真讨论"存在"是什么。不过，这是对海德格尔的歪曲。他从一开始就告诉我们，"存在"在某种程度上已经是可知的，我们总是在对"存在"的理解中行事。来听他这一鼓舞人心而充满热情讲座的热切的学生们，大多数也恰是在对"存在"的理解中行事的，因为他的理论基于世界中存在的日常实践经验并以之为例证，来讨论我们周围的物和人。

他们来听讲座还因为海德格尔对"存在"的考问——存在者们的存在、科技的存在、艺术的存在——为思索"我们是谁""我们何为"提供了指路明灯。海德格尔将这二者作为其关键主题：存在者们在世界中的行为方式和他们与其他存在者所建立的关系。他的思想深深地影响了社会科学和人文科学以及哲学的发展。他关于"存在"的思想，为20世纪欧洲的一些主要哲学家作出了重大贡献，包括：汉娜·阿伦特、汉斯-乔治·伽达默尔、尤尔根·哈贝马斯、让-保罗·萨特、西蒙娜·德·波伏娃、莫里斯·梅洛-庞蒂、米歇尔·福柯和雅克·德里达。不过，哪些是涉及艺术和对艺术的思考呢？他的思想对艺术有何贡献？

他拷问存在（例如，艺术的存在）的基础对从业的艺术家来说具有实际意义，此基础存在于处世方式和实践知识中，是从"在世界中存在"和应对世界中产生出来的知识。不仅如此，实质上，正是由于他不倦地致力于考问，使得海德格尔与"艺术是什么"的思考密切相关，也使得今天的我们得到了他的相关性线索，因为这样的拷问也是当代艺术和艺术理论的核心问题。在由现代主义自信中诞生的运动里，现代主义艺术家可以声称"这是艺术！"而面对后现代主义的不确定性，后现代主义艺术家抛出这样的问题："这是艺术吗？"一切不再具有确定性。只有一个问题尚且存在，这个问题追随、浸染着（通过诸如萨特、哈贝马斯、德里达和福柯等作家的影响）海德格尔的精神，即致力于"艺术是什么"的不倦考问。

正是海德格尔的犀利考问（即"存在"是什么和现代艺术的"存在"是什么），为理解其著作与当代艺术的关联性提供了钥匙。当我们沿着此书前进时将逐渐明白，海德格尔所提出的有关艺术的核心问题，是最切合我们当代的：艺术仍是"真理"为人类提供的基本和必然的介质吗？这与我们的历史性存在是否存在关联？（《艺术作品的本源》，1935）

追随海德格尔，我向读者提出的问题是：艺术仍是我们理解自身所处世界的基本和必需的方式吗？还是艺术已经丧失了这种能力？本书无意于提供答案，因为这将与海德格尔的哲学精神相违背。相反地，他的质疑精神有益于让我们抛弃对艺术、生活与世界的成见。如果艺术对我们的历史性存在来说不再是基本的和决定性的，那么艺术的意图是什么？我们为何需要艺术？海德格尔所提出的问题，以及本书中所采纳的，为我们提供了一个出发点，让我们思考自身的作品和创作实践，并推及思考当代世界中艺术的地位问题。因此，我们可以理解：不但海德格尔的著作"内容"是犀利的，而且他的精神、思路和方法，对我们这些艺术系的学生来说，都被证明是很有价值的。

如何解读海德格尔：

那么，我们该如何前进呢？让我们重新回到我们的最初问题。重构海德格尔意味着什么呢？"重构"的"重"字暗示"再一次建构"，也就是提供另一个框架、另一种方式去看待和思考他的哲学。到目前为止，海德格尔艺术类著作的翻译者们通常都是研究艺术的哲学家。对于哲学家来说，最关键的问题都是哲学性的。因此，当艺术成为讨论主题时，它总是被用于梳理或说明一个哲学性的观点。[1]本书从艺术家的角度介绍海德格尔的艺术思想，它是写给艺术家和艺术系的学生看的，目的在于为他们介绍一些关键性的概念，这些概念通向现实关怀和理论关怀的问题。尽管这个重构遍布海德格尔的全部著作，包括他最著名的《存在与时间》，但本书侧重聚焦于他的下列论述："呈现"、人与工具的关系、技术、艺术与美学著作。

海德格尔的现象学方法为如何解读他提供了线索，因此我们可以从文本中获得最好的结果。他通常以这些问题开始：技术是什么？艺术是什么？存在是什么？他以我们对现象的普通日常认识——事件、经历和客体——开始其话题，以方法论审视和现象描绘（技术、艺术、存在）不断前行。在此过程的每一个关键点上，他都回到其基本问题

---

1. 关于海德格尔谈艺术的著作，两个有价值的阐释框架是科克尔曼斯（Kockelmans）（1985）和杨（Young）（2001）。——原文注

上来，以便"检验"我们的成见——我们把成见带入与世界的相遇之中，而忽视了现象如何揭示自身。通过对现象本来面目的细心关注，他剥去了我们的日常偏见，这样我们就可以如其所是地看待事物。在下面的章节里，当我们审视下列之物时我们就能明白这个道理：日常生活、艺术、呈现、技术、理论和实践的关系、艺术的"地位"、美学，以及最后一项——艺术研究的新兴领域。

海德格尔为下列艺术实践架设了沟通桥梁：基于材料、创作过程的艺术实践和基于观念的艺术实践。他的思想与那些用物质手段来实现其观念性目的的艺术家相关，也与那些一开始就依据理论来下笔的艺术家相关，还与那些作品基于物质的艺术家相关。海德格尔的提问正处于这些不同创作模式的交叉点上。

应当将本书与海德格尔的重要文本结合起来阅读，而不可将本书视为权威。本书的每一章都在关注海德格尔著作的某一特定章节，并提炼其思想，以勾勒出与当代艺术和艺术家的相关点。本书的章节按照海德格尔文本的相关引文来推进，并参照特定的艺术作品、艺术家或者艺术经验来"支撑"这些讨论。针对海德格尔文本里与现实例子有关的内容，本书的章节框架也予以细述。

马丁·海德格尔的开创性著作《存在与时间》（1927）推出了一些重要概念，这些概念支撑了对"成为人意味着什么"的理解。在本书第一章，苏菲·卡尔的《照顾好自己》（2007）提供了一个框架，通过这个框架，诸如"此在""存在""存在者的存在""在世界中存在""操心"和"被抛"等概念得到了解释。海德格尔对人类日常生活和人类对作为存在者的存在的区分，正如通过分析《照顾好自己》所展示的，形成了一种根本性的张力，它以人类"在世界中存在"为特征。通过对卡尔的讨论，我们开始理解：为什么我们可以如此轻易地被困于日常生活中，以至于我们忘了成为一个存在者意味着什么。我们被抛于此世界和生活中，被其裹挟前行。在这个"被抛"中我们无法避开或跳出，无法客观地看待这个世界。

在海德格尔《艺术作品的本源》（1935）一书中，他创造了那个具有挑战意义的命题："艺术是艺术品和艺术家的本源。"为了勾勒出一个与当代艺术相联系的"艺术"定义，本书第二章探究了海德格尔对"艺术性作品"和"艺术品"的区分。本章解释了海德格尔对"艺术性作品"的观念（他将其视为大地和世界之间冲突的建立），并借鉴霍米•巴巴遇见安尼施•卡普尔的雕塑作品《幽灵》（1997）来解释海德格尔对"艺术"的观念（他将其视为一种揭示）。

第三章着手于海德格尔对"呈现"的批判。通过对海德格尔文章《世界图像的时代》的细读（在1938年的一次演讲中提出，标题是"形而上学对现代世界图景的奠基"，并出版于1950年），本章对我们关于"呈现"的日常性理解和艺术性理解提出疑问。通过海德格尔对呈现（作为一种思考方式，而不是模拟成像的特定类型）的解释，可以看出拥护表现论者感知世界的方式，是工具主义者感知世界方式之根源——现代人把周围的世界作为一个可利用的资源来感知它。

海德格尔的文章《技术的追问》考问了我们关于技术

的日常假定，他坚持认为：技术的本质不是关注制作和操纵事物，而是一种揭示模式。作为达到目的的手段，它倾向于使世界上的所有实体都沦为资源。海德格尔把这种思维方式叫作"自设框架的揭示"，他将其与"诗意的揭示"区分开，后者正是艺术的特征。以安塞尔姆·基弗的艺术实践为例，第四章审视了当代艺术实践如何与技术产生对立的关系，又是如何被"自设框架的揭示"（或称技术的揭示）所困扰。

第五章通过对《存在与时间》中所提出的工具分析的细读，着手于海德格尔对"实践的"知识理解。海德格尔与其他学者迥异的是，他处理理论和实践的关系时采用这样的方式：给予实践知识以特权。他的意见是：我们首先通过应对世界而开始理解世界，而后才开始从理论上了解世界。这个意见对视觉艺术中理论和实践关系的反思提供了一个激进的方式。通过威廉姆·肯特里奇的动画影片，本章探索了"可应对性"的观念，以期说明如下问题：从"应对"中产生的特定理解类型，是如何使我们对"新"的观念提出新的见解的。

在第六章，我们着手处理艺术创作中艺术家所扮演的角色问题。通过对天才艺术家之现代主义观念的批判，海德格尔提出了另一种创造性观念，即：艺术家不再处于艺术制品的中心，而只能对艺术的诞生负担有限的责任。这是创造性实践的一种模式，为后人理解艺术创作开辟了新的道路。利用他对创制银色圣杯的富于洞察力的描述（阐释于他的文章《技术的追问》中），本章引出了艺术作品中人为因素和非人为因素的复杂关系。本章通过审视帕特丽

夏•皮奇尼尼作品《年轻的家庭》（2002）的产生过程来举
例说明这一关系。

　　海德格尔针对尼采的一系列讲座，以《尼采：作为艺
术的强力意志》为名出版于1981年。在此书中，海德格尔
对西方美学提出了强有力的批判。本书第七章展示了海德
格尔对现代美学的争论，显示了艺术的审美观念（这里的艺
术被视为审美快感）如何导致艺术（作为合法的知识领域）
的边缘化。利用海德格尔对早期希腊艺术伦理观念的描述
（这里的艺术被视为我们如何生活的指导，因而不可避免地
与"真理"和知识相联系），本章审视了政治美学（作为重
新连接艺术与生活的趋势）的出现。

　　本书第八章叙述了创意艺术研究的出现。对选择进入
学术界的艺术家来说，大学里的艺术制度化给他们带来了
压力，也带来了益处。融入学术圈使创意艺术能作为特定
的知识领域而重申自我，但也给创意艺术带来压力，难以
遵守大学里主导性的研究模式。这种研究模式，是由自然
科学和社会科学所确立的。本章着手于海德格尔对科学研
究的批判，目的在于阐明艺术研究的特点。本章指出：海
德格尔提供给我们一些关键概念，它们能使创意艺术发展
出一种独特的方法论，使其同归纳法这一科学方法有所区
别。当我们能逐渐明白作为探究方式的"考问"的重要
性时，我们也就能逐步领悟将世界与艺术沦为研究客体的
危险。

　　尽管海德格尔的文章或许一开始看起来难懂和抽象，
但它始终与我们的"在世界中存在"相联系。读者请将自

己的"在世界中存在"和"与世上他者的共在"带入对他文本的阅读之中。请将你的经验(生活于世界上的经验,创制、展示、记录和看待艺术的经验)与他在著作中提出的观点与概念相联系。穿梭于海德格尔对现象的描述与你自己对现象的经验中,借鉴海德格尔的考问,时时处处"检验"你自己的经验。它对你有意义吗?它向你提出了什么样的问题?它将你带向何处?它对你来说意味着什么?海德格尔的著作不是对客观事物的理论性论述,而是关注于:我们作为存在者如何理解我们的"在世界中存在"。对于海德格尔来说,艺术的存在就是"在世界中存在",而非脱离于我们作为存在者的存在。

本书的目标是:在面对当代视觉艺术的批判性考问时,为海德格尔的著作提供支撑。它选择海德格尔全部作品中最相关的文本,着眼于后媒体时代、数码时代、技术性时代和后人类时代的艺术思维方法。海德格尔的意图不是要给予我们答案,而是持续地提出关于"在世界中存在"是什么的问题。通过他对现象的关注和对现象的考问,海德格尔希望我们能摆脱我们理解世界的习惯性方式,与在世界中存在的事物发展出一种新的和独特的关系。如此一来,他为世界提供了一种"艺术家的指导"。

第一章

艺术与日常生活

第一章　艺术与日常生活

有这样一则古老的寓言，"此在"自身作为"操心"的含义就藏在其中：

一次，当女神"操心"正在渡河时，她看见一些黏土，她若有所思地拿起一块，开始塑造。当她面对所塑之物正在沉思时，朱庇特[1]来到她的身旁。"操心"请朱庇特赐予它灵魂，朱庇特欣然给予。但是，当"操心"想用自己的名字为它命名时，朱庇特却阻止了她，并要求用他的名字代替。当"操心"和朱庇特开始争吵的时候，大地走了出来，并且想把她的名字授予此生灵，因为她为其提供了她身体的一部分。于是他们请农神塞坦来做他们的仲裁者，塞坦作了如下的决断，看起来似乎很公正："既然你，朱庇特，给予了它灵魂，你可以得到其灵魂直至其死亡；而你，大地，给予了它身体，你可以得到其身体。不过，既然

1.罗马神话中的宙斯神。——译者注

'操心'第一个塑造了这个生灵，只要它活着，她就可以拥有它。而因为现在你们之间为了它的名字纠缠不清，那就叫它'人类'（homo）吧，因为它是由泥土（humus）造的。"

这个前本体论的文献变得尤其值得注意，不仅指"操心"在这里被视为人类此在之"终身"所属，而且也因为，"操心"的这个优先权的出现与一种熟悉的方式相关，即人类是由身体（泥土）与灵魂所合成的。"操心最先造出了它"，在"操心"这里，这个实体有其存在的源头。"只要它活着，'操心'就可以拥有它"：实体不是由此源头释放，而是被它彻底紧紧掌握着、主宰着，只要此实体"在这个世界上。""在世界中存在"有着"操心"的印记，"操心"将其存在赋予它。（《存在与时间》，1962）

背景

我回忆起去法国展馆的喧闹。那是2007年的威尼斯双年展，我去那儿观看苏菲·卡尔（Sophie Calle）的作品《照顾好自己》。当参加展览漫步馆内时，在（主要是）女性观众中，充盈着笑声与欢闹。在那里，呈现给所有人的是107个不同女性对一封私人电子邮件的诠释。邮件是卡尔的前男友"G"寄给她的，目的是要分手。从文本分析到表演和视频，这些"诠释"无情地解构了他对卡尔亲密自白的形式与内容。

卡尔是非常坦率的，因为《照顾好自己》这个艺术项目是从她被男友G抛弃的痛苦与悲伤中生发出来的。对于卡尔来说，这是照顾好自己的一个非常简单的方式，也是接受分手所带来的无情与残忍的方式。在《照顾好自己》一书的序言里，她提供了这个艺术项目的背景：

> 我收到一封邮件，告诉我一切都已结束。
>
> 我不知道该如何反应，
>
> 好像这封信不是写给我的，
>
> 信末以这些字结尾：照顾好自己。
>
> 我接受了这个建议。
>
> 我选择了不同职业的107个女性[1]，请她们来诠释这封信。
>
> 分解、评论这封信，以它跳舞、唱歌。
>
> 剖析它，探讨它，为我去理解。
>
> 以我的立场去回答，
>
> 这是一种度过分手时期的方式。
>
> 一种照顾好我自己的方式（卡尔2007：妮娜·贝蓓洛娃的序言）。

《照顾好自己》或许是卡尔照顾好她自己的策略，同时，在我们同其他"在世"之人的关系方面，它告诉我们什么呢？尽管法国馆充满了热情洋溢和轻松愉快的气息，我却

1.苏菲·卡尔选择的107位对象中，包括两个木偶和一只鹦鹉。——译者注

从这件作品中体验到一种强烈的矛盾心理，它从此在我心头萦绕不去。这样一件作品中存在着怎样的风险？把我们的日常生活拿出来展示给全世界观看，这意味着什么？关于何为"成为一个人"，此作品揭示了什么？

《照顾好自己》在艺术与生活方面提出了关键性问题，它与以下二者均有关：首先，卷入日常生活，应对"成为一个人"这一特定事实；其次，将这些日常经验作为艺术的基础。《照顾好自己》关注存在与艺术的功能，"应对"何为成为人的问题，这样一来，它就通向了海德格尔的存在哲学。通过分析《照顾好自己》，紧张和矛盾得到了揭示，这便使我们能够梳理出一些核心问题，而这些问题正是海德格尔在其开创性文本《存在与时间》中所提出的。

电子邮件

G的电子邮件如下：

苏菲，

这些天来，我一直在想着回复你的上一封邮件。同时，我决定和你当面谈谈，并把我的心里话大声说出来可能更好。如果不能的话，起码要写出来。

你已经注意到了，最近我有点状态不佳。在我自身的存在里，我好像不再能认出我自己。我有一种可怕的焦虑感，以前我总是可以坚持试着去超越它，但现在却无法真正战胜。当我们见面的时候，你提出一个条件：成为"第四者"。[1] 我信守了这样的承诺：自从我看见那些"其他人"，距今已经有好几个月了，因为看到他们而不把你当成他们的同伙，这我显然做不到。

我早就觉得该到此为止了。我早就觉得彼此之爱都已经该结束了，因此，这种焦虑——它总是使我看得更远，这意味着我将永远不得安宁或轻松，或者甚至很可能无法快乐或"大度"——会沉静下来。当我与你相伴的时候，我曾确定你给我的爱对我来说是最好的，是我曾有过的最好的爱。我原以为我的信会是一种补救，我的"纠结"将会融化其中，于是我就可以找到你。但是，我错了。事实上，情况变得更糟。我甚至无法告诉你我所处的那种状态。于是这个星期我再次开始给"其他人"打电话。我知道，这对我来说意味着什么，它将把我带入何种循环。

我从来没有对你说过谎，现在也没有打算开始说谎。

在你我关系开始的时候，你就设置了另一个规则：如果有一天我们不再相爱，你就不再想来看我了。你知道吗，这种限制只能使我更加悲催，感到不公平（而你还可以继续去找B.和R.），容易理解（显然

---

1. 第四者，是夫妻关系之外的可以无偿进行交流而不破坏彼此家庭的异性。就是知识、兴趣、观念相近，相互吸引，相互欣赏的男女，以相互之间的情感为前提，以不影响双方工作、家庭为基础，以相知、相惜、精神享受为主，以吃饭、喝茶、旅游为辅。不同于谋求取代的第三者，故称第四者。——译者注

如此……），所以我再也不能做你的朋友了。

但是，从下列事实中，你怎么能判断出我的决定是多么有意义？我准备服从你的意志，即使有许多事情需要服从——不看你，不和你聊天，不在意你看人或事物的方式，不在意你对我的温柔——我将极度怀念这些。

无论发生什么，记住：我也同样永远爱你，以同样的方式，以我的方式；记住：我从第一次见你就这样；记住：这种感觉会一直坚持，我相信，永不消失。

但你知我知，以我们相互之间的爱来衡量，已经覆水难收。拖延这种状态，是一种最糟糕的面具。这种爱使我不得不对你坦白，它是你我之间所发生之事的最后证据，并且总是很独特。

我希望事情的结果能有所不同。

照顾好自己！

G.

G对卡尔的恳求"照顾好自己"不应仅仅被看作分手的套话，或者还击。我们也不应该把卡尔照顾好她自己（通过《照顾好自己》的完成）看作"艺术作为治疗"的例证……尽管它有点治疗的元素在内。对于海德格尔来说，"操心"的概念比这个更重要得多。"操心"是"人类存在的'终身'所属……'在世界中存在'有'操心'的印记，它与'操心'的存在一致。"（《存在与时间》，1962）换句话说，"操心"位于我们的存在的核心。

海德格尔关于人类的看法，围绕着"操心"——"我操心，故我在"[1]。对于海德格尔来说，操心和关注——为自身、为世上其他人类、为世上其他存在物的操心和关注——为我们的生命提供了意义和方向。它使我们好奇并探究：成为人类究竟指什么？这对于我们来说意味着什么呢？想象一下，如果你对生和死不曾关心，你对家庭、朋友和其他重要的东西不曾关心、不曾操心。有的东西对你来说非常重要——你的衣服、你的工具、你的私车或你的手机——这就意味着你要操心。操心就是要负责任，为自己，为他人，为世上之物。

　　有时，也许我们会情绪低落，对一切放手，不去清理我们的房间，甚至不去照看我们的东西，我们的世界开始分崩离析。但即使我们看起来缺乏操心，海德格尔也会坚持认为，这不是因为我们不去操心，只是我们操心的方式表现得不充分而已。对于海德格尔来说，操心是"此在"在世界上存在的原始状态。

此在（Dasein）

　　"此在"和"在世界中存在"是海德格尔思想的两个核心概念。"此在"（Dasein）是德语"存在"的意思。在早

---

1. 根据海德格尔对人类"此在"的观念，迈克尔·瓦茨（2001）新造了一个术语"我操心，故我在"，来描绘海德格尔关于"操心"这一核心词的思想。——原文注

期哲学家 (例如康德和胡塞尔) 的原始用法里，指的是任何存在物——人类的或非人类的，有生命的或无生命的。与他们相反，海德格尔在使用"此在"一词的时候含义是非常特定的。他使用"此在"这个术语来描绘人类存在："Da"的意思是"在那儿"，"Sein"的意思是"存在"。"此在"就是"在那儿存在"。有人可能会好奇，为什么海德格尔采用"此在"这个术语，以及为什么"人类"这个术语已经足够表达时 (这似乎很合乎逻辑)，翻译者还要原封不动地使用"此在"一词。不管怎样，海德格尔希望我们理解我们之存在的一个非常特定的方面——我们就在那儿存在——这个存在基于某一处所，我们生活于其中，并从那里在世上行走。当笛卡尔主义者可以不依赖身体或地点来持续思考时，海德格尔的主体"此在"却总是"在彼处"。我们每个人都有一个"彼处"。世界不是一个与"此在"分离的客体，而是我们生于其中，与之发生生活联系的东西。

我们世界中的"彼处"，极其复杂的物理、意识、文化和科技空间 (地域) 提供了一系列构成我们生活的可能性和限制性。尽管全球化有着均质化的影响，但是"此在"却并不生活在同一个世界中。我们每个人都生活在一系列交错的世界中，它们影响着我们的价值判断，以及在世界上如何行动。例如，卡尔的决定，即邀请107个女人来参与她的计划，开始给我们一种洞察，即对人们行动于其中的世界之丰富多样性的洞察。

参与的女性中，有一位家庭调解者、一位校对员、一位法官、一位律师、一位警察队长、一位犹太法典注释者、一位伦理哲学家、一位联合国女权专家、一位通灵大师、一位副主编、一位短信服务语言翻译员、一位18世纪历史学家、一位语言学家、一位拉丁语学者、一位棋手、一位会计、一位印度舞蹈家、一只法国巴黎动物园的木偶、一位葡萄牙民谣歌唱家、一只鹦鹉、一位犯罪学家、一位猎头、一位性学专家、一位精神分析学家、一位礼仪顾问、一位游牧民族研究者、一位发型师、一位外交官、一位小丑、一位记者……她们以各种可能的反应形式表达出来：视频、舞蹈、盲文、短信语言、注释文本、打油诗、图画等等。

对于回应邮件这项任务，参与卡尔计划的每一位女性提出了她们自己的世界观——她们的文化价值观和态度，生活与爱情的经历，她们个人的性情和个人的专业技能。每一位回应者和每一次回应，对于如何看待、思考和回答寻常生活中的不寻常事件，都提供了一种不同的方式。那位法官在其分析中提供了她的法律知识、先前的案例、法律事实和对公正的期望；那位副主编拿出了她那无情的笔和精辟的语法、句法知识，来细剖文本；那位棋手以有策略的步骤来智取对手；那位精神分析学家挖掘了分手和压抑的潜意识机制来分析文本；而那位女演员表演了这个文本；民谣歌唱家则歌唱了失恋的挽歌。

卡尔请这些女性根据她们的专业知识来演绎那封电子邮件。那位印度舞蹈家对邮件的反应采取了舞蹈的形式：一种仪式化的动作、姿势和模拟的潜力。这依赖于她作为一个职业舞蹈家和表演家的身体技巧和流动性。不过，像小组里剩下的其他女性一样，她作为一个舞蹈家的职业世界只是其一系列不同且交错世界中的一种。她是某人的女儿，某人的恋人，或许是某人的姐姐或姑妈，同时又属于印度舞蹈世界。她的文化遗存、社会地位、教育、生活经历和对爱与得失的体验，同时也影响了她对这一生活灾难性事件反应的适当形式。在世界中存在的关键是什么？海德格尔说，不要以我们对世界的所知为基础，而要懂得如何生活并如何走入生活。存在就包括"在世界中存在"。

被抛

对"此在"而言，"在世界中存在"的危险是什么？对于海德格尔来说，人类存在这出戏是围绕着在世界中存在的被抛的可能性的。我们被抛弃于世界之中，并且被其波浪与漩涡、动荡与激流所裹挟。从我们诞生的那一刻起，我们就被抛于此世，尖叫着，挣扎着，来到这个世界上，被医生、接生婆所包围，递给那位我们无法选择的母亲，在一个我们无法控制的环境中，在一个我们没有发言权的时刻，我们被不情愿地抛向我们的未来。海德格尔把这叫作"此在"的"被抛"（Geworfenheit）。我们可以选择我们的朋友，但我们不能选择我们的家庭或我们诞生和生活的环境。事实是：我出生在澳大利亚农民家庭，那时的政府实行免费高等教育政策，这深刻影响了我的今天（我现在的情况）和未来的可能性。即使苏菲·卡尔和我差不多年龄，并且都自我界定为艺术家，但她的"事实"（生于巴黎的本土家庭，爸爸是搜集艺术品的医生，喜欢概念艺术，

妈妈是文学记者）为她的未来可能性提供了一系列不同的
事件。这种"事实的一系列事件"影响了我们当前的生活
环境和我们未来的可能性，海德格尔把它称为"事实性"。

我们每个人都要面对不同的生活境遇，并且我们每个
人将以自己的独特方式回应它。在20世纪60年代，卡尔曾
是个住在巴黎的年轻人。她的出生环境和生活环境，她家
庭的财富、地位和进步价值观，巴黎激进的知识氛围和女
权主义的增长，将卡尔推入了在世界中存在的某种方式。
她在青少年时期就成为了激进的斗士，并开始以艺术家的
身份工作，来对抗她20多岁时不断增加的无聊和无目的性
情绪——这些事实都影响了她以后的走向。她开始从事概
念艺术来取悦她的父母，又在20世纪80年代初赢得了奖学
金去日本，这两件事实对卡尔的"被抛"来说是不可或缺
的。她在德里被男朋友抛弃，然后她便利用这段经历为其
概念艺术《剧痛》作基础——这个特定的"此在"如何应
对她的"被抛"，以上事实提供了例证。

我们"被抛"于此世界上，我们不得不应对抛给我们
的那些东西。在生存中，伊曼努尔·列维纳斯说："'此在'
总是早已被抛于其可能性的中间，而不是安放在这些可能
性之前。"现在，我们可以回到苏菲·卡尔最近一次被抛弃
的经历。她51岁了，正在柏林进行访问。她的手机响起，
那是她男朋友发来的电子邮件，邮件宣告：他要离她而
去，邮件以"照顾好自己"结尾。[1] 她被抛进了人生之戏当

---

1. 参阅安杰利克·克里沙费斯关于苏菲·卡尔的报道（她的艺术、人生及其
2007年威尼斯双年展上的展览《照顾好自己》）。——原文注

中。卡尔的被抛，她的被"甩"，将她带到所能掌控的力量之外。不过，尽管我们被抛的环境或许在我们的控制之外，但并不意味着我们的道路被完全掌控了。所以，卡尔是怎么做的？那也许是我们中许多人都会做的。在怀疑、哭泣和哀号之后，她开始寻找朋友的关心和安慰。她给朋友看了邮件，并征询朋友该怎么办。

卡尔的"事实性"影响了她如何应对世界所抛之物。她抓住可能性，并在她的亲身经历中觉察出了艺术的潜质。"在他发邮件的两天后，很快我就有了想法，"她说，"我把邮件给了一位闺蜜看，问她应该怎样回复，她说她会如何如何。于是我有了点子：在不同的职业女性中搞一个调查。"对此，海德格尔说，是"此在"为存在注入了其自身的可能性。

卡尔从她的过去里被抛了出来。从世界抛给她的可能性中，卡尔抓住了可能性中的某种可能，通过这个"计划"进入未来。海德格尔用这个术语"筹划"来描绘了一种方式：作为一个"存在"，"此在"以此方式在世界中行事，并完成其自身的可能性。为了一个重要的艺术筹划，卡尔把恋爱分手当作推动力，凭借其过去的经历、习性和技巧，为后来的发展构筑了可能性。卡尔的过去（她的被抛）、现在（她对邮件的应对）和未来（她的行动如何影响将来的发生）演示出海德格尔对时间的三维理解。过去不是过去，而是在此形成我们的现在，而我们现在所做的则筹划着我们的未来。从我们的角度可以看出：对卡尔来说，事情是如何逐渐发生的。一个个体的悲剧演变为一个国际性的艺术事件，它使卡尔更加成为一个国际性的艺术精英。但是她的"被抛"现在还没结束，将来也不会停止。卡尔，和你我一样，总是处在"被抛"的状态下，而"被抛"持续不断地形成我们的存在。

不过，我们正在这一点上超越我们自己。在其面向可能性的存在中，在其同存在有关的可能性中，"此在"理解了自己。作为"此在"，卡尔希望找到一种方式来理解所发生的事情，搞清她应该怎么做。当她询问她的朋友该怎么做时，她的朋友给了她一连串的可能性："她说该如何如何。"我们很可能都对这个替换结构很熟悉。面对困扰我们的事情，我们会找我们的朋友、父母或者伙伴来征求意见。他们会给我们智慧而精彩的字句，或者对某些行为提出警告，而我们常常忽视这些，弃之不顾而自行其是。我们不会懂得如何在他人的建议下行事。我们必须生存，这就是海德格尔所理解的"存在"的实践本质。

理解

"我有了想法"卡尔评说道，"在不同的职业女性中搞一个调查。"通过邀请职业女性"以其职业能力诠释这封邮件"，卡尔想请她们帮她理解。她用"理解"一词值得玩味。在日常语言中，"理解"就是能抓住某些东西，通常是指思想。但是，卡尔不想让她们只是概念性地思考或解释它。她希望她们"分析它，为它提供评论，为它表演，为它舞蹈，为它唱歌。剖析它，拧干它，帮我理解，为我回答。"这个诠释采取了很多形式——舞蹈、注释文本、盲文、歌曲、照片、当堂表演、恶搞、视频等，不过在每一个案例中，理解和诠释都涉及与邮件"做某事"。它包含被找来完成任务的诠释者根据职业能力对这封邮件而采取的应对或处理。

对于术语"理解"来说，"做某事"意味着我们思维中的一个重要转换。海德格尔认为，"理解"不是一个强加于存在之上的认知能力，也不具有世间沉思性知识的特点，而是在世界上存在的具体经验。"当我们仅仅盯着某物，"海德格尔说，"我们眼前之物仅作为一个无法理解之物置于我们面前。"（《存在与时间》，1962）只有通过我们与物体（世界所抛给我们之物）的实践性应对或介入，我们的世界才变得有意义。对于海德格尔来说，这个实践性的理解来自"在世界中存在"，它是"此在"存在于世界上的首要方式。我们对物体的实践性理解先于任何将其理论化或解释它们的努力。

我们不可能通过思考成为律师或法官，通过沉思成为编辑，通过总结舞蹈理论成为舞蹈家，通过盯着外文文本成为翻译者，通过坐着看棋盘上的棋子成为棋手。海德格尔是通过实践其哲学而成为哲学家的。我通过画画儿成为画家，与此类似，我与世上之存在物的关系，是基于在使用中我对它们的操作而得到阐释的。因此，仅仅通过凝视和沉思，我是无法理解一台电脑或一幅画具有潜在功用的。对于它们有什么用，或者我应当如何使用它们，我或许会有一些直觉或经验。不过，只有当我实际运用电脑程序（Photoshop或Flash）来创作图像时，或开始用斧子或铲

一个人为他自己的存在而关心。理解就是关心。"

日常生活

苏菲·卡尔的计划《照顾好自己》是她照顾好自己的方法。我们中的一些人通常会把这样一种"被抛弃"视为羞耻的灾难，只希望它赶快过去，希望忘记它，遮掩它。与之相反的是，卡尔决定接受它，把它作为一个全面的研究计划，从方方面面来加以调查。卡尔没有删除邮件，也没有陷入伤心，而是把它作为艺术材料。她评论说："一个月以后我会好起来。本来就没什么。这很管用，这个计划已经取代了那个男人。"

在艺术世界里，日常经验已经日益成为艺术材料。然而，不是每个艺术家都能把他们私生活里的磨难与痛苦与世上的其他人作艺术性地分享。[1]卡尔的爱情挫折通过《剧痛》和《照顾好自己》传遍了世界。《剧痛》记录了她前一次的被抛弃。通过照片、机票、情书、对话的点滴回忆和其他纪念物，卡尔向我们呈现了她前男友的亲密肖像。在《照顾好自己》里面，我们把邮件作为一个全盘的整体。她那位不知名（但是很有名）的前男友G的邮件被107个女性评论，并且通过威尼斯双年展、其他展览被千千万万人所目睹。

1.此类的网络活动：博客、MySpace 现象和"脸谱网"（Facebook）现象，把日常个人经历作为他们的主题和模型。——原文注

我们都熟悉自白的模式"博客"，以及"脸谱网"（Facebook）和MySpace网站。是什么使卡尔的行动变得艺术化？又是什么使得关于日常生活的艺术不同于日常生活呢？[1]詹纳森·沃特金斯，1998年悉尼双年展《日常生活》的艺术编导，评论说：在当代艺术实践中，有一种对日常生活之意义的日益关注。在这些实践中，艺术家们把"对日常生活不经意的深刻观察作为日常生活的本质"。尼科斯·帕帕斯特里亚迪斯（Nikos Papastergiadis）在他为《日常生活》所写的目录文章里说：关于日常生活的艺术使我们能够就近取材。用我们自身的经验，通过艺术来思考重要的、抽象的哲学概念。

海德格尔赞成我们必须以世界中的日常经验为出发点，但他也担心：我们被"日常生活中纯粹的废话与闲聊"所困，而遗忘了对"存在"的考问。为我们的"在世界中存在"承担责任，它被我们遗忘了。当海德格尔把日常生活和存在作为他思考"存在"的起点时，他警惕我们的这种趋势，即陷入人类日常生活的闲言碎语。他对人类学和社会学（我还想到了文化研究）的评论反映了他的忧虑。对于海德格尔来说，关注"存在"的核心问题不是人类的日常活动或者实践，而是这些活动或实践对人类或生物存在所能揭示或披露的东西。为了这一研究主题的进展，他把"此在"从"日常此在"中区分出来。

1.尽管卡尔的作品涉及日常生活，但它与翠西·艾敏的《我的床》（1998）不同。《我的床》提供的是艾敏的日常生活的原始视图，而尽管是在画廊的背景下，卡尔的《照顾好自己》却提供了一个对日常生活的元评论，这将其上升到人类学的高度。——原文注

在思考"此在"的进程中，海德格尔尤其注意"此在"的衍生物"日常此在"。"此在"和"日常此在"的区别，反映了海德格尔对"人类现实生活"和"本体性的生活"（即一个存在对其自身存在的关注）的辨别。在这里，对海德格尔"小写的存在"（being）和"大写的存在"（Being）这两种用法必须作一个比较。当他关注世界上的现实存在时，他用"小写的存在"（being）——你和我、我的猫、你的狗、你的设计、我们住的房子、花园里的树木、道路边的商店、地面、大气和海洋。也即存在的任何事物和事件。苏菲·卡尔和她所收到的电子邮件，就是在世界中的"小写的存在"（being）。以下细节：她收到邮件，邮件的内容，分手的词语"照顾好自己"，她对邮件的反应，她立即找来她的闺蜜等，也都属于人类现实生活。然而，艺术品《照顾好自己》可以告诉我们"作为一个人的存在"是什么意思。海德格尔预留了"大写的存在"（Being）来指称存在的"存在性"。"大写的存在"被用来关注"成为一个存在是究竟何指"这一问题，而不是关注具体某人的生命或存在。因此，我们回忆"照顾好自己"，这不只是电子邮件里随便说出的一句话。对于海德格尔来说，"操心"是"人类此在'终身'所属的东西……并且是以其存在而与之相符的东西。"（《存在与时间》，1962）一个写下"照顾好自己"的邮件的具体人和作为"此在"基本特征的"操心"，此二者的区别就是海德格尔所谓的"本体性的差异"。

在我们的日常世界里，我们是深深地陷入生活的包围——在我们工作、家庭、朋友和各种活动（制造艺术品、阅读文章、撰写文件、支付账单、购买杂物、观看电视、给朋友打电话或写信、参加音乐会）的磨难与痛苦中，我们很少停下来思考：这一切对我们人类来说有何意义？或者甚至思考：作为一个人究竟意味着什么？当我坐在这儿，在电脑前试图关注"存在"的问题时，我在忧虑着：这本书的截止日期渐渐逼近，研究假期结束后我要立即返校上班，我无法和朋友保持联系，我昨晚和我嫂子的通话很不愉快，以及我是否花了足够的时间以维持我和父母的关系。我的脑海里充满了丰富的"日常生活填充物"，而"存在"的意义却偷偷溜走了。

你会注意到：占据我思想的东西都与他人以及我与他们的关系有关——我的出版商、我的同事、我的朋友、我的家庭。海德格尔告诉我们：我们先天的"在世界中存在"包括"与他人共在"。在其他任何事物之前，我在与他人的关系里体验生活。我是一个社会性的存在，其他人对我的期待和我对他们的反应构建了我"在世界中存在"。

海德格尔坚持认为：我们"在世界中存在"必然导致"此在"陷入日常性的习惯之中。海德格尔并不把这种"陷入"视为某种可以或应该克服的"错误"。对成为人类"此在"来说，这是"存在性"的一部分。日常的"此在"被日常生活吸收，在"他者"中消失。海德格尔观察指出：

> 作为对存在自身的一种本真的可能性，"此在"……已经从自身消解，并消解于世界之中。"消解"于"世界"意味着在"与他者的共在"中被吸收，在后者的范围内，被闲聊、好奇和模棱两可所牵引。(《存

在与时间》，1962）

在我们"与他者的共在"和被"他者自身"所建构的过程中，海德格尔认为，我们停止了为我们的"在世界中存在"负责，成为了非本真的存在。在这里，海德格尔并非在下一个否定性的判断，或者认为一个非本真的存在已经丧失了"存在"或并非"在世界中存在"。而是说，非本真的存在是存在的一种特定模式，它发生于我们的日常生活之中，出现在当我们陷入或被吸收于"他者的世界"之时。真正的问题是：我们是否能真正成为自己，这才是"本真性的存在"。大多数情况下，他坚持认为：与他者共在包括在他者的生活中度日。

与他者共在

与他者共在是我们"被抛"中的一部分。从我们诞生之日开始，我们便被推入与他人共在的世界。通过与我们的父母、老师和同龄人的互动，通过我们与媒体及其他机构的接触，我们学习到了我们所生活的特定社会中的社会价值和社会期望。我们学会了他们（期待我们）的行为方式。海德格尔认为：与他人共在的问题，在于"这种与他人共在消解了一个人自身的'此在'，使之完全变为'他者'存在的类型。"（《存在与时间》，1962）日常"此在"的自我变成了他者的自我，"此在"屈服于"他者的专断"。

海德格尔接着指出：

> 当"他人"感到高兴的时候，我们也感到高兴，玩得很开心；当"他人"注视和评判文学和艺术的时候，我们也阅读、注视和评判；同样的，当"他人"从"人群"中退缩的时候，我们也退缩回来；当"他人"发现"震惊"的时候，我们也发现震惊。"他人"不是任何确定的人，所有人都是"他人"。尽管不是作为总和，"他人"却规定着日常生活的存在方式。（《存在与时间》，1962）

"他人"的世界提供了一个社会性的和文化性的语境，提供了可能性和限定性的模型，它为我们如何在世界中行动制定了参照标准。通过手机短信或电子邮件抛弃某人，这仍然被视为"糟糕的方式"，卡尔的愤怒不只是她个人的。许多其他女性的反应显示，这也是"他人"的愤怒。毫无疑问，曝光其私生活和前男友的邮件于这样的公众聚焦之下——对卡尔的精心策划，"他人"中也有一些不舒服。她自身的心情或许使其倾向于怯懦地和畏缩地展示，然而事实上她夸张地向全世界展示，这可能被视为纯粹的报复和复仇：苏菲•卡尔做得不地道。卡尔否认这种动机。"不"，她说，"一想到会被炒作成这个样子，我一开始就很犹豫。"

苏菲•卡尔可以被视为在庄重社交礼仪上"做鬼脸"。她的大部分作品，都涉及把日常生活转化为一个调查主题：从她的生活或其他人的生活中，记录和再创作某些片断。她的"策划"包括：在威尼斯的旅店里充当女服务员，她在那里为客房拍照，检查客人的行李；跟踪一个男人，尾随他去威尼斯，给他拍照，作记录。在这些冒险中，有一次她捡到了一个遗失的通讯录，于是便用它联系所有的人。由此，她间接地写出了失主的简介，并在报纸上刊登了出来。

从她的青少年时代开始，苏菲·卡尔就被卷入某种激烈的批判。她的每一个策划，都打破了在法国社会所运行的那种"可接受的"社会准则和风俗习惯。然而不管怎样，就像海德格尔所观察到的，所有的行为，即使是打破规则的行为，也是针对"他人"背景的。更进一步的是：从我们对"世界"的理解中已经可以看出，不只有一个世界，于是也不只有一个"他人"的世界。在更广阔的文化世界里，艺术世界作为亚文化在起作用，和其他的亚文化一样，艺术世界也有其"他人的方式"。她历来认为，先锋派的方式是打破规则，或者将规矩或风俗（和受众）陷入危机。艺术打破规则，这就是"他人"之所为。在这种语境下，卡尔的作品乃是艺术家所为。这是"他人"（受众和评论界）对她的期待，而不应为此感到震惊。

本体性差异

本章至此，我已经引述和摘录了安杰利克·克里沙费斯（Angelique Chrisafis）关于苏菲·卡尔的新闻报道：她的艺术、人生和2007年威尼斯双年展上的展览《照顾好自己》。

克里沙费斯的文章被刊登在《卫报》上，并且于2007年6月16日被同时登载在纸质版和网络版上。我的文章（关于苏菲·卡尔作品的艺术和人生二者的关系）与克里沙费斯关于苏菲·卡尔的文章有什么不同呢？二者都研究了苏菲·卡尔的作品，并就研究写出了文章。安杰利克·克里沙费斯比我有优势，克里沙费斯有会见和采访苏菲·卡尔的特权，并且可以利用她的笔记和采访记录来编织她的故事。她是这样写的：

> 卡尔将痛苦转化为艺术的一个最好的例子就是双年展上的另一件作品。卡尔说：当她去年被告知她将在双年展上露面时，另一个电话也打来了，她的妈妈告诉她，自己只能活一个月了，卡尔便在家照顾妈妈。然而她听说，临死之前的人通常会期待他们的亲人离开房间而悄悄走掉的那几分钟。
>
> "这几乎成了一个强迫症。当妈妈离开人世时，我希望在她的身边。我不想错过她的最后一句话，她的最后一个微笑。我知道我不得不闭上双眼睡觉，因为那种痛苦非常长久，我不在她身边会有危险。我在那儿放了一个录像机，我想：如果她最后翻动一下或起身，留下最后的一句话，至少我能将它拍下来。"
>
> 这导致了另一个强迫症。"总是在录像机里放上录像带，每个小时更换录像带，这种行动的强迫是如此巨大。我数着每个录像带里剩余的时间，而不是在数我妈妈还能存活于世的时间。"

当她妈妈去世的时候，卡尔就在房间里。她没有把录像剪辑完成，也没有准备使用它，但是她的威尼斯策展人劝说她，"无法把握死亡"是她妈妈生命最后时刻的一个影片摄制。"我和妈妈说了双年展的事情……她很震惊为什么她不能出现在那儿。我想，我唯一能让她出现在双年展上的方法就是把她当作主题。"

克里沙费斯是一名记者，她的写作风格是新闻式的。快速捕捉和原声摘要的交织，给予其读者造成苏菲·卡尔的神秘形象。她的文字忠于卡尔日常生活的事实。她不打算超越日常生活，抽出其对"存在"来说可能的意义。如果这样的话，她将很快失去读者。她的文字在实体性的、事物性的世界中运行。这是那种制造图像的方式，在与大众媒体的每日互动中，我们已经熟悉了此种方式。无论我在中国、新加坡、芬兰、意大利、英国、美国，当我在当地的超市收银台边阅读杂志的时候，只要我愿意，我都能找到一本杂志，它告诉我关于同一个名人的同样的故事。此刻，普通的日常生活控制着全球范围。

当人们通过看报纸、看电视或浏览网页，完全陷入日常生活和思考时，海德格尔坚持认为，我们也开始为人类之"本体性的生活"所困。此时，"每一个他者就像其他人一样。"（《存在与时间》，1962）随着全球化的出现，这种向"他人"存在层面的溶解以网络形式开始在全世界传播。

"此在"获知自身的理解是通过世上之存在物而不是通过"存在"自身，我们便是沉沦的"此在"。在这种日常性的沉沦中"此在"不能以其真实人格去理解其自身，而是通过他操持之物体：他的存在就是他的所为，他通过他所宣称的社会角色来理解他自己。

在日常生活中潜伏着这样的危险：我们的理解将不再采取"散发不同的光线于存在"的形式，而是变为纯粹的闲聊和废话。对于作品涉及日常生活的艺术家来说，是否也可以说同样的话呢？《照顾好自己》是否也成为纯粹的闲聊和废话，还是它真的能够为我们提供关于"存在者的存在"的洞察？

日常生活的"此在"陷入了物体与存在的实体性世界，而不是关注于对"存在"的本体性考问。通过海德格尔之镜反思卡尔的《照顾好自己》，我们被引入对"存在"的考问而不仅仅是以之为乐。在其普通的日常性之中，构成"此在"在世界中存在的一切特征——其沉沦（它被他人世界的同化），其伴随（它的社会语境），其事实性，其被抛（它的生活史）——都能通过对作品的分析被勾勒出来。不仅如此，我们还已看到，"此在"的最根本状态就是"操心"。对于海德格尔来说，正如我们将在下一章所开始理解的，艺术提供了一个空间，在其中我们能够理解"存在"而不是被存在和存在物的日常世界所困。

艺术、艺术行业和艺术作品

第二章　艺术、艺术行业和艺术作品

（艺术）作品的真理被证实即会产生出一个存在者，这个存在者先前还不曾存在，此后也不再重复。生产过程把这种存在者如此这般地置入敞开领域之中，从而最先被生产的东西才照亮了它出现在其中的敞开领域的敞开性。当生产过程特地带来存在者之敞开性（即真理之际），被生产者就是一件作品。这种生产就是创作。（《艺术作品的本源》, 1935）

语境

在其目录文章《安尼施·卡普尔：制造虚无》（1998）中，霍米·巴巴讲述了他对安尼施·卡普尔的雕塑《幽灵》（1997）的最初观感：

这是一个有尘土的雨天，我和安尼施·卡普尔开车驶入采石场。你说："我想给你看一样东西，"你指着一个包裹着的黑石头，它的光芒被尘土所遮掩（《幽灵》，基尔肯尼石灰石）。当我们接近这块被凿开的粗糙石头时，它那不规则的团块轻松而无意识地等待着我们这些观看者。Svyambhuv——"自生艺术"的梵文词（和"色身"有区别，那是通过人为技巧强加的人造形式）——是你长期全神贯注之物，并且，从某个角度来说，《幽灵》很像那些"不规则形状的瘤"中的一员。不过，突然，石头的外表成为了"色身"。你切割石头时，我总是震惊于那种敞开的形式。门廊，狭长的窗户，门槛，精致的入口，像剃须刀边缘的门梁，这些和外壳与垛口的原始光环形成对照，岁月的化学活动围绕着它们。石头那扭曲的、怀有矛盾情感的行动是不会出错的："自生"："色身"，然后在转瞬之间；"色身"："自生"——自生/人造，然后，在一个重复的瞬间，又是人造/自生。抓住回首的一瞥，前、后都不与彼此对立，不过它们自身部分向内转，部分向外转。一个奇怪的目光相对，整个石头陷于一个扭曲的行动；从初期的状态转身离开，在另一个时间出现，目光和我们若即若离，只有一部分在那儿，半遮半掩，一个"放置在现场"的渐变……在渐变中，物质和非物质之间……石头和诗意生存之间的通道……当一物转向面对他者，它遇到一个盲点——必然的虚无："它全部揭示了这些存在，但是把陌生当作激进的他者隐藏了起来——伴随着对虚无的尊敬。"

在霍米·巴巴与《幽灵》的邂逅中，他逐渐意识到：艺术作品从不只是一个客体，而常常是一个过程；当我们关于世界的假设陷入危机时，当我们能够用一种新的独特方式看待世界时，艺术作品成了一个渐变的环节。巴巴对这次邂逅的阐释非常接近于海德格尔对艺术作品的理解。在这次振荡中，我们体会到了大地（在自生和感知之间）和世界（人为的，感性和概念）的斗争。巴巴面对面体验《幽灵》的危机在于"存在于作品中的怀疑，强迫它推迟出场，拖延其揭露，不要在最初就让它成为其自言之所是。"海德格尔会把这种危机叫作"争执"。"在建立世界和制造大地的过程中，"海德格尔宣称："（艺术）作品成为这种争执的诱因。"（《艺术作品的本源》，1935）巴巴通过对《幽灵》的具体体验才开始理解：艺术作品制造争执，使我们、我们的觉察力、我们的先入之见和我们的观念陷入危机。海德格尔告诉我们，"争执的发生并不是为了使作品把争执消除和平息在一种空泛的一致性中，而是为了使争执保持为一种争执。"他补充道，通过"建立一个世界并制造大地，作品就完成了这种争执。"（《艺术作品的本源》，1935）

海德格尔告诉我们"作品之作品存在就在于世界和大地之间的争执之诱因。"（《艺术作品的本源》，1935）海德格尔对有关艺术的术语"大地"和"世界"的提及是其艺术思想中最令人困惑的方面之一。大地是什么？世界是什么？尽管我将在本章的后续段落回到这个问题上来，但海德格尔对"艺术作品是世界和大地之间的争执之诱因"需要得到迅速解释。我们应当如何思考它？这对于我们理解"艺术何为"将有什么作用？

我们对于大地的日常理解（即：大地是"沉默"的物质，它是人类的行动所形成的），可以为思考这些方面提供一个出发点。海德格尔说：毕竟，物质是"艺术家造型行为的基质与土壤。"（《艺术作品的本源》，1935）不过，海德格尔警告我们抛弃这种思维方式，而把这种形成性的物质叫作"结构"。（《艺术作品的本源》，1935）巴巴对"自生"（自我制造的）和"色身"（通过人类技巧人为制造的形式）的区分，或许可以证明是一种更有用的方法，以弄清楚海德格尔所做的区分：对大地的日常理解和海德格尔对大地的独特理解。"自生"和"色身"暗示了大地不是沉默的，而是艺术作品中活跃的力量。海德格尔评论道：

> 在作品创作中，作为裂隙的争执必定被置回到大地中，而大地本身必定作为自行锁闭者被生产和利用。不过，这种使用并不是把大地当作一种材料加以消耗甚至滥用，反而是把大地解放出来，使之成为大地本身。这种对大地的使用实乃对大地的劳作，这种劳作看起来肯定貌似工匠利用材料。因而会给人这样一种假象，似乎作品创作也是手工技艺活动。其实绝非如此。（《艺术作品的本源》，1935）

尽管艺术性的创作造成了它是人类手工作品的错觉，但它从来不是——海德格尔的这一观察提出的问题比其回答更多。如果"大地"和"原材料"这两个术语是不可互换的，而且如果艺术创作不是工艺问题，那么艺术是什么呢？

艺术和"艺术世界"

在发表于1944年的文章《艺术世界》里，亚瑟•丹托坚持认为：沃霍尔的《布里洛盒子》起到艺术品的作用，是因为在某个特定的时期，艺术世界使人们将它理解为艺术。[1]在东七十四号大街的斯特布尔斯画廊，当亚瑟•丹托看到沃霍尔作品展中堆放着的布里洛盒子的时候，他很好奇：它们如何能够被认为是艺术，而不仅仅是商业文化的人工制品？他提出：为了能使某物被理解为艺术，而不只是一件商业文化的人工制品，这件东西或制品需要在艺术史和艺术合法化理论的语境下被理解。似乎对他来说，"缺乏这两样东西，一个人就无法将《布里洛盒子》视为艺术作品……为了做到这一点，一个人必须融入一种观念性的氛围，一种'理性的话语'，他认为此人与他人所共享，造就了艺术世界。"我们只有通过艺术世界的背景，才能理解艺术是什么。因此，在波普艺术语境下——既包括其周围的实践，也包括理论话语——沃霍尔的《布里洛盒子》成为艺术品。它与手工制品无关。

乔治•迪基将丹托的"艺术世界"观念建构进入自己的《艺术习俗论》中。从字面来阐释，"艺术习俗论"认为：艺术就是艺术世界所认可的东西。[2]在20世纪80年代，迪基写下这样的观点：艺术作品看起来像什么，由什么制成，

---

1. 亚瑟•丹托的文章《艺术世界》最早发表于《哲学学报》，第61期，1964：571-84。我引自其重印版。——原文注
2. 作为《第八届维特根斯坦专题研讨会议记录》的一部分。——原文注

具有什么形式或美学品质，这些都不是问题。关键的问题是："它"是否在习俗性的艺术话语内运作。只有习俗性的艺术话语说它是艺术，那么一件艺术制品才能成为艺术。因此，对迪基来说，"如果人工制品是为呈现给艺术世界的公众而创作出来的，那它就是一件艺术品。"

从前文中我们可以想起来：海德格尔的"世界"是一种结构，它形成了我们与周围人和事的关系。作为一个子集，艺术世界包括价值观、态度、实践和信仰，艺术何为与谁属于艺术世界，均为它们所建构。作为艺术家，我们创作艺术。我们去艺术商店购买艺术材料和艺术装备来创作艺术。我们中的许多人（但苏菲·卡利不在其中）去艺术学校，在那儿我们接受艺术实践、艺术原理和艺术史的课程，并在年终艺术展上做展示。我们希望在艺术学校毕业之后，我们可以找到一个艺术画廊和一个接纳我们的艺术经销商，这样我们就可以展览和销售艺术品。在此类展览中，我们热情地（并且也是悄悄地）希望某些艺术评论家能偶然出席这个展览，并且写一篇重要而肯定性的作品评论。艺术评论和赞助将确保我们成为艺术世界的一部分。不过我们将持续努力。为了跟上当前的潮流，我们参加展览，购买艺术样品，阅读艺术评论家写的艺术评论，并且常常在艺术书店里偷偷摸摸地翻阅最新的艺术杂志和期刊。我们坐飞机满世界地参加这类双年展或三年展，并且与其他艺术家保持联系。在所有这些活动中，我们属于艺术世界。艺术世界建构了我们对艺术的理解，这似乎从逻辑上讲得通。海德格尔将会同意这样的观点：艺术在历史上来说是依情况而定的。《布里洛盒子》20世纪60年代在美国作为艺术出现。作为存在，我们在历史条件下理解我们的可能性。然而这并没有回答"艺术何为"的问题。就像我们需要超越存在的现实世界（它包括艺术世界在内）来理解人类的存在一样，海德格尔也相信：我们需要超越艺术在艺术世界的定义来评估"艺术存在"，我们要从本质上考问艺术。

艺术的本质

在《艺术作品的本源》尾声里，海德格尔提出了一个挑战性的命题：或许生活体验是艺术死于其中的因素。（《艺术作品的本源》，1935）这个命题需要澄清。生活体验怎么会成为艺术死于其中的因素呢？海德格尔曾宣称艺术作品通过生活的、具体的体验而出现。当他说生活体验"无论对艺术欣赏还是对艺术创作来说，都是普遍性的源泉"（《艺术作品的本源》，1935）时，他确认了这一点。海德格尔命题里的明显矛盾，围绕着他所提出的区分："大写的艺术"（Art）和"小写的艺术"（art）。如同海德格尔对"大写的存在"（Being）和"小写的存在"（being）的区分一样，我们发现他又一次采用大、小写字母的方式。在这里，他用此策略来指出艺术本质（"Art"）和艺术行业（"art"）之间的区别。对于海德格尔来说，艺术的本质运行于"大写的存在"（Being）境域之中。而"艺术行业"或"小写的艺术"是在日常生活当中发生的。此时，我们在一个现代技术社会中试图与制作、展览、观赏、购买和销售艺术作品这些业务展开谈判。面对这个问题，我们重新回到"大写的存在"和"小写的存在"的区分。

我们回忆起来，海德格尔就是如此称呼本体性差异的。当本体论关注着那种"大写的存在"时，实体性存在则关注着社会性语境下现实的人类生活体验。故而，当艺术的本质关注着这样的艺术时，个体艺术家的生活，艺术家的实践和艺术作品，都运行在实体性存在境域中。实体性存在是艺术行业的境域，其他行业也同样如此。[1]

"大写的艺术"和"小写的艺术"的区分需要一开始就被放置于海德格尔核心形而上学问题的语境之下。在"小写的存在"（即生活体验）之中，"大写的存在"是如何实现的？在艺术行业之中，"大写的艺术"如何可以出现？对于我们所有的现代艺术家来说，这些依然是最困难的问题。

艺术世界和艺术理论产生了一个信念，即艺术就是艺术世界认为它是艺术的东西（例如艺术的技术创新）。这种信念运行于实体性存在的世界中。它们与艺术行业有关，而与"大写的艺术"本身无关。尽管海德格尔会承认：一件艺术作品看起来像什么，它由什么制造，它具有什么形式和美学品质，这些都不是问题，并且承认艺术世界。但他既不同意丹托，也不同意迪基所认为的艺术世界在其自身可以定义"大写的艺术"是什么。因为这样的艺术观点尚未确切地阐释出艺术存在的核心问题，即艺术本质上是什么。

我将稍后回到艺术本质的观念，但此时重要的是表达：

---

1. 安东尼·海登·盖斯特的《真正的色彩：艺术世界的真实生活》（1996）就是很好的例子，它就是存在的实体性境域的作品类型。——原文注

海德格尔没有将"本质"视为艺术所具有的某种持久而普遍的品质。不存在某种规定性的特征或属性能适用于艺术所采用的千姿百态的形式。某物的本质并非那种物体的属性或状态。对于海德格尔来说，本质是一种"发生"，在"发生"中艺术的真理得到揭示。

海德格尔担心：在我们全神贯注于艺术行业时，艺术本身在我们的历史时代中，可能不再是真理由此产生的基本和必然的方式了。(《艺术作品的本源》，1935) 在艺术行业的规则至上之时，艺术的真理被遗忘了。海德格尔评论道：

> 一旦那种指向敬畏的推力被躲闪开，并被亲近和鉴赏的兴趣范围所俘获，艺术行业就开始围着作品团团转了。就连作品小心谨慎地流传，力求重新获得作品的科学探讨，都不再达到作品自身的存在，而只是一种对它的回忆而已。

海德格尔很清楚：艺术的本质并不存在于艺术的技术创新之中。他也同样坚信：艺术并不存在于鉴赏或我们所谓的美学之中。最后，如我们所看到的，他不相信艺术的本质存在于创作、操纵和加工艺术作品之中。

艺术所做的"工作"断然不是物——绘画、雕塑、制图、照片，诸如此类——我们称为一件艺术作品。这种评价也适用于音乐性和诗意性的作品。在海德格尔的思维中，艺术在本质上是一种模式，它创造一种敞开区域，而真理在其中出现。"艺术中置入了真理……艺术让真理脱颖而出。"(《艺术作品的本源》,1935)这种关系让我们回到那个问题:艺术的真理是什么?它的本质是什么?

根据后现代对概念的批判,例如本质和真理、独创性和意向性,海德格尔对本质和真理的考问或许不只是显得过时,而且在意识形态上也有问题。女性主义和后殖民主义尤其发现了"真理"是如何为了统治秩序的利益而被制定的,而"本质"又是如何被历史性地(尤其与性、种族和阶级有关)作为一个本质化的术语来运用于维持现状和稳定人心。现在,我们为什么要回到这些术语,接受它们所承载的意识形态包袱呢?

显然,海德格尔想要将其对真理和本质这两个观念的运用,从我们附加于此术语的一般性理解中区分出来。从其对早期希腊生活的考问中,他得出其真理的观念,并关注希腊术语"aletheia",罗马人把它翻译为"veritas"。我们通常理解"veritas"(即"真理")为某种思想的正确性。某事物是真的,是因为它正确地代表或吻合了某种事实,或与其论题一致。在西方,视觉艺术的历史和理论把"veritas"和自然联系起来。前者与"真理"相关,而后者与模仿相关。这种真理和模仿之间的关系在普林尼重新叙述的有名故事里非常清楚,即两个五世纪希腊画家宙克西斯和帕拉修斯,比赛谁能画出最逼真的画。

但是,海德格尔非常明确,他对"真理"的运用不能与这些相应的真理理论一致。尽管他能根据梵高的"模仿性"作品《农鞋》而坚持认为真理发生于梵高的画作中,但真理和正确性不相等。海德格尔解释说,尽管真理发生于艺术作品之中,但"这并不意味着某物被正确地展示",

即被模仿性地描绘。相反，他说：当把某物从自身中展现出来时，真理便发生了。

> "产出"从遮蔽状态而来，进入无蔽状态。唯有遮蔽者进入无蔽领域而产生出，"产出"才发生。这种到来基于并且回荡于我们所谓的解蔽（das Entbergen）中。希腊人以aletheia一词来表示。（《技术的追问》，1954）

此时，我们可以回到巴巴与《幽灵》面对面时候的惊人发现。在那一刻，巴巴察觉到，当"彼此面对的时候，会遇到一个盲点，一种必需的虚无：它彻底地暴露这些存在，但是隐藏了作为完全他者的陌生感——伴随着对虚无的尊敬。"在对这次邂逅的阐述中，巴巴给我们带来的东西与海德格尔对作为艺术作品之真理的理解已经非常接近了。对于巴巴来说，也即对于海德格尔来说，真理是通过争执而出现并贯穿于艺术作品中的。在一件艺术品中，海德格尔说："真理被置入作品。"（《艺术作品的本源》，1935）通过与一件艺术品相遇而产生的启示，不是艺术的客体，而是艺术的产品。

这是思考真理的一条蹊径，也是思考艺术本质的蹊径。梵高的《农鞋》揭示了真理，不是因为《农鞋》和一双鞋的外表很相似，而是因为《农鞋》提供了对农民鞋子之存在的揭示。当商店里的鞋子或鞋类目录上的鞋子被还原为交换价值时，梵高关于鞋的画作为其真理的产生提供了一个空间，一个敞开的区域。我们停了下来，我们从单调的日常生活和日常思维中跳了出来，而被带入一个思维的全新空间。如海德格尔所发现的："艺术作品和艺术家都以艺术为基础；艺术之本质乃真理之自行置入作品的。由于艺术的诗意创造本质，艺术就在存在者中间打开了一方敞开之地，在此敞开之地的敞开性中，一切存在遂有迥然不同之仪态。"（《艺术作品的本源》，1935）

或许我们可以从下文中理解海德格尔的真理（即 aletheia，或称解蔽）概念——保罗·克利的名言："艺术把不可见的东西创造出来。"或约翰·伯格的评论：莫兰迪的静物画不是关于瓶子的而是关注于"在可见之物被赋予名称或价值之前，可见的先变得可见"这一过程。在这里，莫兰迪探索回应了海德格尔揭示艺术本质真理的努力，那就是"艺术的存在"。

如同梵高的画关注揭示农夫的鞋在真理中是什么，莫兰迪的画也揭示了可见性的现身是怎样的情况。伯格告诉我们，莫兰迪所画的物体"不可能在跳蚤市场买到。它们不是物体，它们是空间，一些小物件将要诞生的空间。"和莫兰迪的静物画一样，卡普尔的"幽灵"创造了一个空间或者一片敞开的澄明之境，在其中巴巴能够见证"石头和诗意存在之间的通道。"在真理"置入作品"中，我们被弹出日常存在的平庸，而投入艺术作品的现实性之中。

我们或许会认为，现代派艺术画廊，那个所谓的"白立方"，提供了极好的例子：一个敞开的区域，艺术的"真理"在其中现身。在著作《白立方体内：画廊空间的意识形态》（1986）中，布莱恩·奥多尔蒂告诉我们：这个现代画廊的规则与中世纪教堂的严格一致，其唯一目的就是为反省性的沉思提供一个空间。

不让外部世界进入，所以窗户通常封闭起来。墙壁被刷成白色。天花板成为光源。木地板被磨光以便人们冷静地踏过，或者被铺上地毯以便人们无声地踏过，而当眼睛停留在墙上时，可以休息双脚。艺术是自由的，正如谚语所云："走自己的人生"。(《白立方体内：画廊空间的意识形态》，1986）

不过，"白立方"充满了自身的先入之见，它们设计了作为"小写的艺术"的作品，而不是使"小写的艺术"成为"大写的艺术"而出现。它们是由艺术世界所形成的先入之见，换句话说，这个现代画廊将艺术行业放置其中，并为我们的愉悦和审美体验提供艺术作品。

争执

如同我们将要在第七章看到的，海德格尔认为艺术审美的构建是非常重要的。他相信，美学剥夺了艺术在理解"存在"过程中的重要和必需的角色。海德格尔相信美学将艺术降低至纯粹的体验和快感，因此阻止了我们考问事物的自身。对于愉悦或审美体验，海德格尔向我们提出了"争执"的概念。我们已经看到了世界和大地之间的关系以争执为特征。在"建立着世界并且制造着大地中，作品是争执产生的诱发者，在这种争执中，存在者整体之无蔽状态（亦即真理）最终获胜。"(《艺术作品的本源》，1935）

在此动态中，艺术作品成为世界和大地之间的争执。我们如何理解这种动态呢？

"争执"这个词立即使我们大脑中浮现出一个事件，其中有着痛苦的斗争和暴力冲突。从这个角度看，有人会说马塞尔·杜尚在1917年制造了争执：他在一个小便器上签名"R. Mutt"，命名它为"泉"，并在惊愕的叫喊声中展览了它。但是，海德格尔清楚地表明：不是艺术家制造了争执，而是艺术作品制造了世界和大地之间的争执。

海德格尔让我们远离对争执的常识性理解（即一种毁坏性的力量），他指出这一点：如果我们将争执等同于不和与纠纷，我们就只能永远体验到紊乱与破坏。（《艺术作品的本源》，1935）争执不是拳击场的竞争性和控制性的动力，在那里世界一定要战胜大地。海德格尔告诉我们，在争执中，"一方超出自身包含着另一方"。（《艺术作品的本源》，1935）超越自身是生产性的。[1] 更进一步的是，海德格尔坚持认为艺术作品并非关注解决争执，故而我们可以"享受"它，或感到舒适。争执被置入运动中以便它可以保持争执。

《泉》中的争执不是杜尚公然的挑战行动扰乱了评判委员会，而是在将小便器变形为新的存在之过程中，他质疑了关于艺术是什么的假设本身。在关于作品的热烈讨论中，杜尚的艺术家朋友比特里斯·伍德发现了这个行为的意义：

1.我们会意识到：超越自我的能力也是此在被抛的状态。在被抛之中，因此在其特有的可能性中抓住了可能性。——原文注

Mutt先生是否亲手制作了这个喷泉并不重要，他选择了它。他拿着一件日常生活用品，安放它，于是它的实用意义在新的标题和视角下消失了——此物体的新观念被创造了出来。

在伍德的评价中，小便器的实用价值已经消失了，一片空白被创造了出来，一种关于该物体的"新思想"会出现于其中。如同我们已经看到的，苏菲·卡尔在《照顾好自己》中也如此行动。这就是海德格尔所谓作品的"真理的置入作品"。（《艺术作品的本源》，1935）"真理的置入作品"包括建立一个世界和大地。

在本章的前面部分，我们触碰了大地和世界的观念，但是现在我们转向一个更充分的解释。在"艺术作品的本源"中，海德格尔使用了"世界"的概念，和他在《存在与时间》中的用法相同。"世界"概念概括了我们如何运行于世界的价值观、态度、实践和习俗结构之方式。它包括我们的物质文化客体，以及那些非物质的结构，例如意识形态和信仰结构。另一方面，"大地"是一个更加复杂的概念。在日常用法里，大地和世界有时可以被替换使用。在更常见的情况下，大地被视为无固定形状的团块。依赖它并来源于它，人类创造了他们的世界。在这个常识性的理解中，大地是无理性的沉默物质，人类可以使用和塑造它。

美学和艺术理论的特定部分，尤其是受康德影响的那些部分——例如，席勒的著作告诉我们艺术是成型的质料。一幅画或一个被丢弃的罐子是成型的东西。沃霍尔的《布里洛盒子》也是成型的东西。成型质料的合成看起来在艺术世界里司空见惯。不过，当艺术作为成型的质料被构思出来时，海德格尔指出，质料成为"艺术家造型行为的基质与土壤。"（《艺术作品的本源》,1935）这样的观点把创造世界的人置于中心。在这里，作为质料的大地提供了人类行动的场所。这当然不是海德格尔看待大地或世界与大地关系的方式。

大地和世界

海德格尔用希腊神庙的例子来清楚地表达其对于世界和大地关系的理解。他用描述性的术语开始他的解释。"一个建筑，一个希腊神庙……朴素地屹立在岩石开裂的峡谷……这个建筑屹立在那儿，依靠在岩地上。"（《艺术作品的本源》,1935）[1]此时，可以很容易地假定，岩地只是为人类行动提供支撑。但是，海德格尔继续解构我们关于大地和世界关系的假设。

作品的这一屹立道出了岩石那种笨拙而无所促迫的承受幽秘。屹立于彼处，建筑作品抓握着地面，承受着席卷而来的猛烈风暴，因此才首先使风暴显现了本身的强力。岩石的色泽与闪耀，尽管其本身显然只是借助太阳的恩赐而发光，却首先使得白昼的光明、

天空的辽阔、夜的幽暗显露出来。（《艺术作品的本源》，1935）

从他一开始的描述，我们仍然可以认为海德格尔运用了术语"大地"的日常意义，即将其作为世界赖以建立的质料。这个人造的神庙由大地产生的石头建成，同时也被嵌入岩石之中。不过，显而易见：重点在于大地和世界之间的动态。石头的光泽与闪耀让我们能欣赏白昼的光明、天空的辽阔和夜的幽暗。更重要的是：岩石提供的坚固结构让我们能意识到空中不可见的空间和海浪的汹涌。

海德格尔对"使空中不可见的空间变得可见"的引用使我们想起另一个名为《幽灵》（《艺术作品的追问》，1990）的雕塑。雷切尔·维利特的《幽灵》是一个维多利亚风格房屋的铸型。当它被变形为一个庞大笨重的形式时，其中我们通常想当然所误认的背景空间，会突然深刻地被我们所见。在我们的日常生活中，我们在房间里走动，进出房门，坐在房间的椅子边，而对"空中不可见的空间"缺乏关注。在维利特的作品中，那些通常被想当然所误认的东西，成为我们日常生活中所不可见的东西，被强制性地带回而成为焦点。《幽灵》，就像神庙一样，使不可见之物成为可见的。作品的真理在于：将"空中的空间"从背

1.1985 年科克尔曼斯在分析海德格尔对术语"大地"的用法之中，他声称海德格尔不会采用风景做例子来解释他的"大地"的观念，因为他的讨论限于"伟大的艺术"。我不同意他的设想，即风景不能成为"伟大的艺术"（那是历史性地具有世界意义的），而是认为：海德格尔避免了风景和大地二者在"字面上"产生联系的可能性。——原文注

景隐匿中带出来，带入最显著的位置中。这就是作品中的灵魂。

在叙述与安尼施·卡普尔的"幽灵"之邂逅中，当巴巴提出了svyambhuv（"自生"的美感）和rupa（通过人类技巧强加的人造形式）之间的区分时，他也揭示了大地与世界的动态。面对《幽灵》，正如巴巴所评论：

> 你切割你的石头时，我总是很震惊于那种敞开的形式。门廊、狭长的窗户、门槛、精致的入口、像剃须刀边缘的门梁、这些与外壳和垛口的原始光环形成对照。岁月的化学性活动，围绕着它们。

一开始，这个描述看起来赞成海德格尔非常不满的成型质料系列。然而，这个被粗糙砍凿的基尔肯尼石灰石"质料"不仅仅是人的造型行动的基质。在"自生"和"色身"之间来来回回的运动中，巴巴注意到："整个石头陷于一个扭曲的行动；从初期的状态转身离开，在另一个时间出现，目光和我们若即若离，只有部分在那儿，半遮半掩，一个'放置在现场'的渐变……石头和诗意生存之间的通道。"

在巴巴对卡普尔作品的预想下，这个"扭曲了的石头的矛盾运动"产生了严重破坏。一开始，巴巴在《幽灵》中发现了与卡普尔其他作品的相似性。他的"风格"，如果你喜欢的话：一种对花岗岩自身的材料之美（自生）的信奉，而不是艺术家在人为形式（色身）中掌握材料的意愿。但是，当这种想法开始成型时，巴巴对卡普尔作品的预想马上开始散架了。当他前后摇摆于自生／人造（svyambhuv：rupa）和人造／自生（rupa：svyambhuv）之时，巴巴不再是观看一件艺术作品的批评家或观察家，而是发现自己处于作品当中，被陷入其扭曲了的矛盾运动。此时，我们便可回忆起关于"被抛"的讨论。我们被抛入世界，被载向可能性。在陷入作品之中，巴巴开始理解艺术的作品（即艺术品）不是物体，而是被揭示的真理。他评论道：

> 真正的作品并非存在于实物艺术之中。它只存在于当作品进入第三空间之时——"一种过渡的空间，一种在两者之间的空间"（即人造的和自生的，材料的和非材料的聚集），并与不确定的激烈运动（它无处不在，前前后后）无关。

理解"运动"，而不是艺术品，才是艺术的作品。在这个对邂逅《幽灵》的叙述里，巴巴使我们理解了海德格尔关于艺术作品的观念，即发生于大地和世界之间的争执。正如海德格尔所指出的，"只要真理作为澄明与遮蔽的原始争执而发生，大地就通过世界而凸现，而世界就建基于大地之中。"（《艺术作品的本源》，1935）

从我们先前的讨论中，我们可以懂得真理（aletheia）是一种揭示，一个敞开的空间或澄明之境，存在解蔽于其中，如其所是地呈现。然而，海德格尔也说：作品中的真理包括"澄明与遮蔽的原始争执。无论何物被澄明，还是存在着遮蔽。"于是他说："在真理之中也存在着非真理。""真理就是非真理"，海德格尔说，"因为在遮蔽意义

上的尚未被解蔽东西的渊源范围就属于真理。"（《艺术作品的本源》，1935）

解蔽

　　艺术作品以解蔽/遮蔽为特征。在我们的经验中，是什么让我们理解这种同时存在的解蔽/遮蔽呢？从感知心理学来说，我们有可能遇到过"格式塔"的花瓶与双人侧面头像图形。当花瓶的图形显现出来时，人像就淡出了视线；而当我们盯着人像时，我们就不再能看见花瓶了。尽管彼此对对方的出现而言必不可少，但当一方作为图形被揭示时，另一方就被遮蔽了。就像"自生：色身—色身：自身"一样，我们在花瓶与头像、头像与花瓶之间来回摇摆。图形和背景并不互相对立，反而处于动态的关系之中。在巴巴的文章里："当一物转向面对他者，它遇到一个盲点——必须虚无：'它全部地揭示了这些存在，但是把陌生当作激进的他者隐藏了起来——伴随着对虚无的尊敬。'"在海德格尔的术语里，虚无不是虚无缥缈，而是需要被理解为无物存在。虚无意味着可能性的动态的和创造性力量。这就是大地。

　　于是，大地，就是可能性或者潜能。如果不是在字面上，术语"大地"的使用在逻辑上讲得通。我挖土，用肥料和护根滋养它，为它浇水并且播种或插秧。如果我种甜菜根的话，甜菜根会生长。如果我种一棵果树，果树会结出梨子、苹果或芒果。尽管大地让不同的世界出现，它仍然作为土壤处于背景之中。大地是自我隔离的，它并不自我显现。然而，它不是沉默的质料，而是"自身展开到其质朴方式和形态的无限丰富性之中"。（《艺术作品的本源》，1935）为了每一种不同的作物或用途，大地的潜力以不同的方式被要求。正是作为潜力和可能性的大地使得不同的世界出现。正是基于这种视角，海德格尔将大地视为神圣。

我们可以再次回到我们在绘画工作室的经历，将其作为一种方式，去理解在大地和世界之间"作品的统一体出自争执的诱因"（《艺术作品的本源》，1935）是怎样的。对底子或背景（即大地）的参照使我们想起了在绘画中所纠结的图形与背景关系。尽管画面或画布也许会显得空无，但并非如此。相反，它已经充满了预想的观念：一幅绘画或一幅图样的最终的样子，绘画或图样的历史，一个人自身历史和习惯性创作。它也充满了潜力和无限的可能性。对于大地与世界之间的争执，版面上提供了协商的框架。当我们在纸上做出标记或划出轮廓时，一个图形便从背景上出现了。在西方，我们趋向于关注图形或者世界，然而没有大地或背景，我们便看不到世界。换句话说，是背景使图形呈现。在这个格式塔中，图形只有凭借背景的力量，靠着它才能出现。海德格尔以这样的话来证实这种情况：

> 世界建基于大地，大地穿过世界而涌现出来。但是，世界与大地的关系绝不会萎缩成互不相干的对立之物的空洞统一体。世界立身于大地，在这种立身中，世界力图超升于大地。作为自行公开的东西，世

界不能容忍任何锁闭。而大地，作为庇护者和隐藏者，它总是倾向于把世界摄入它自身并且扣留在它自身之中。(《艺术作品的本源》, 1935)

这种世界和大地之间的冲突或争执的凸显，并不只是存在于我们面对一件艺术品之时，而且也出现在我们的艺术作品中和创制作品之时。

弗朗西斯·培根的绘画实践为我们提供了一个例子，它展现了那种从不可能予以解决的持续争执。培根以此而闻名：他泼洒颜料，并制造随意性的和随机性的记号，目的是"超越画布上已有的具象性和可能性。"在写到关于培根的作品时，哲学家吉尔·德勒兹断言："这些几乎是盲目的手制记号宣称另一世界的入侵，闯入外形的视觉世界之中。为了动摇其自身的独立性和打破独立的视觉组织结构，画家的手介入其中：一个人不再能看见任何东西。"他所评论的"有另一世界入侵至外形的视觉世界之中"谈及了世界和大地的动态，此时"大地一味地通过世界而凸显"，而"世界一味地基于大地之中。"(《艺术作品的本源》, 1935)泼洒涂料的行为在运动中设置了争执，它打破了世界的平静表面，并使作为可能性的大地从背景的不引人注意之中凸显，走到前台。对于海德格尔来说，这样的争执事件创造了一片澄明之境，一个敞开的区域，作品的真理就在其中得到了揭示。

海德格尔强调在艺术作品中保留争执，这使我们想起了日常生活沉沦的危险。此时，习惯对世界有先入之见，无论在我们的日常生活中还是在我们惯常的艺术实践之中。

培根的问题，也是所有艺术家的问题。它在于：在我们日常的艺术实践中，我们实践的工作方法和模式形成了一种熟稔，成为了惯性。对于培根来说，泼洒涂料成为了一种固有的和惯常的行为。培根就是这样做的。如此一来，在他行为的"惯常的平庸性"之中，艺术实践成为了艺术行业。

海德格尔担心争执不应该因"一种乏味的一致"而结束。这种担心涉及他关于品位美学观念的评论，即：假定存在着某些关于美的形式的一致性看法。争执的观念或许可以被看作对先锋派离经叛道的实践说明。先锋派的实践历史，包括它打破现有规则并引领新潮的不断努力，可以被视为致力于将保持争执作为争执。然而，先锋派艺术家一方自觉地努力，即创造一个能使观赏者陷入危机事件，不会因海德格尔的争执之观念而激动。首先，我们可以从"艺术作品的本源"里回忆起：艺术是艺术家的和艺术品的本源。其次，新的东西不可能被预设出来。因此，艺术作品产生于世界和大地之间的争执，而不产生于艺术家对"什么会制造争执"的预设观念。同样的，通过评论政治性、社会性或意识形态体系的努力，政治性艺术可以被视为诱发争执。海德格尔再次警告我们避免这种简单性的答案。争执是本体性的，正是通过保留争执的争执，我们才能够理解存在者的存在。

艺术的历史性

艺术不会在社会真空中流行。对于海德格尔而言，艺术就其实质来说是一种本源，因为它是"一种独特的方式，真理形成于其中，也就是说，成为历史性的东西。"（《艺术作品的本源》,1935）每一个不同的时代，其特征都是某种独特的方式，"真理"在其中得以形成。对于古希腊人来说，艺术就是那独特的方式，真理于其中得以揭示。在现代社会，对应的是科学，及其对真理的信仰。然而，海德格尔担心在我们的当前时代，被揭示的艺术"真理"其实只是艺术行业。我们是深深地陷入与"行业"的商谈、制作、展览、观赏、购买和销售艺术作品，以至于忘却了艺术在本质上是什么。

"艺术作品的本源"的任务是把我们带回到那个核心问题：艺术的本质是什么？在凸显此问题的过程中，海德格尔让我们从艺术行业的繁忙工作中返回，并重新评估艺术中的利害关系。在这个从本质上考问质料的重新定位中，为何海德格尔担心生活体验会成为艺术死于其中的因素，就变得很清楚了。如果艺术是存在者的存在之关键和必需的部分，那么，就在那存在当中艺术必须出现。我认为，这就是海德格尔文章的核心教训。在艺术行业占主导位置时，我会坚持认为现在恰好正是阅读海德格尔艺术论之时。

表象

第三章　表象¹

　　因此，如果我们把世界的图像性解说视为存在者之被表象状态。那么，为了充分把握被表象状态的现代本质，我们就必须探寻出"表象"（vorstellen）这个已经被用滥了的词语和概念的原始命名力量，那就是：摆置到自身面前和向着自身来摆置。由此，存在者才作为对象存在，从而才获得存在之镜像。世界成为图像，与人在存在者范围内成为主体，乃是同一个过程。（《世界图像的时代》，1950）

语境

　　在视觉艺术中，艺术理论家和历史学家总是把他们的讨论建立在一个未经拷问的假定上，即艺术是一个表象性

---

1. 本章中，动词 represent 和名词 representation 均被译为"表象"，但读者应不难根据上下文判断其词性。特此说明。——译者注

的实践，其产品是表象。这一命题看起来很显然是正确的，以致我们几乎不会停下来考问其合法性，或者甚至为其术语下个定义。当我们说话、写作、绘画、照相、建立数码影像或制作光盘时，我们所涉及的就是制造表象——这是不争的事实。作为艺术中表象占主宰的一种结果，艺术的历史就是表象的历史。

"表象"的前缀"re"暗示，表象就是"再次呈现"。在西方美学中，世界范围内的表象模式（作为"再次呈现"或"模拟某物"）可以追溯到普林尼的叙述，即两位艺术家巴赫西斯和宙克西斯的比赛：

> 艺术家巴赫西斯参加了一场和宙克西斯的比赛。宙克西斯绘制了一幅葡萄的图画，它是如此巧妙地被表象出来，以致鸟儿开始飞下来从葡萄的藤蔓上啄食。随后，巴赫西斯也绘制了一幅幕布的图样，它是如此逼真，以致因鸟儿的判定而骄傲的宙克西斯，要求幕布应该被立即掀开以展示巴赫西斯的画作。当他意识到他的错误……他服输了……他说：尽管他设法欺骗了鸟儿，但巴赫西斯却骗过了他这位艺术家。

在这个叙述中，一位艺术家通过对一幅幕布的超逼真演绎欺骗了另一位艺术家，这种能力给人以惊叹而受到欢迎。这种模仿的能力，即再度逼真地呈现真实的能力，从巴赫西斯开始到20世纪以来，是西方区分"伟大"的艺术家和艺术品的关键指标。在世纪转折点上，一系列因素使表象的危机突然发生。其中之一乃是：作为生活的记录者，照相机的贡献使照片取代了画家的角色。尽管模仿不再是艺术的目标和任务，表象仍然维持着自身的控制地位。

作为对"现实存在"的"再度呈现"，伴随着模仿和透视系统的联合，"表象"在文艺复兴时期达到了顶峰。它创造了一种如此强烈"真实"的视觉系统，以致西方成像——包括当代数码成像——一直受到它的影响。透视法看起来提供了一个朝向世界的窗口，而模仿确保通过此窗口的视图能与感觉的"真实"相一致。

作为某些已存在的现实表象，如果我们开始解析它的模型，它就会迅速开始土崩瓦解。尽管透视法或许可以看为对现实的再度呈现，但我们已经可以开始理解：透视法是一个系统，一个数学模型，它给出的是外在世界的外形轮廓。我们也能开始理解：一个"表面上"模仿的图像并非某些已存在的现实保证。格哈德·里希特的照片画《行政大楼》告诉我们这一点，我们自己通过数码成像对现实的"操纵"也是如此。表象是现实的反映，这样的观点或许已经被拟象的伪装所推翻。然而，撇开符号和拟象，作为规定我们认识世界（不包括艺术）的方式之系统，"表象"的幽灵继续日益强大。我们如何解释这一点呢？

我们对表象的惯常理解是从世界的模型里产生的。在一些意象的形式——电影、文学或视觉艺术中，我们倾向于把表象作为现实的再度呈现来设想它。根据这种思维模式，无论它是我们在世界中的可见之物还是想象之物，再度呈现可以被理解为对一些现有模式的复制。在支持表象模型和复制的世界里，有一种模型：先拷贝，再模仿。

拷贝和模仿的成见可以追溯到柏拉图的关于一种理想

的形式世界假设。在这个构想中，理想的形式先于现实而存在。图像，或者说我们认作表象的东西，只能是理想形式的不完美复制。视觉艺术受到模型和拷贝的影响，比语言和哲学更甚。作为一种结果，西方围绕着视觉表象的讨论和辩驳已经日益被"自然的态度"和"本质的复制"之观念而改变。[1]据此，表象和复制只能是对"真实"的一种蹩脚模仿。在现实和表象之间，总存在着一条鸿沟，这条鸿沟通常被当作一种缺陷。

日常性的艺术判断通常基于表象和"现实"之间的精确程度之评价。这种框架结果是，表象的理论往往和"现实主义"和"外形"的理论混为一谈。在这种混淆中，表象等同于现实主义，而与抽象主义对立。然而，于表象之中岌岌可危的，不只是通常设想的对"存在于某处"之现实的逼真的或写实的表象。对于海德格尔来说，表象是不能从字面上来设想的。它不只是与现实主义或外形相关，而更是给预想世界的世界假定了一种独特的关系，或者假定了一种关于它思维的方式。表象，或者更准确地说是表象主义，不是一种产物，而是一种思维模式。它是与世界的关系，涉及一种衡定和掌控的意愿。因此，根据这样的概念，我们不能把表象和"现实主义"混为一谈。更进一步地，在预设其产物的能力上，抽象主义或许可以和表象主义和现实主义一样。现代主义对表象的批评观点也不是完全免疫的。

1. 见诺曼·布列逊（1983），第 1 章和第 2 章，"自然的态度"和"本质的复制"之广泛讨论。——原文注

表象主义

对于任何关于图像的创造和阐释的争论来说，"表象"问题都是核心的。当前，在哲学和艺术的研究之中最伟大的努力之一就是致力于超越表象的界限。哲学家（例如海德格尔、德勒兹、瓜塔里和伊利格瑞）已经讨论了很多来反对表象，当代艺术家（尤其是后现代、后殖民和女性主义艺术家）也已经做了很多尝试来一劳永逸地消除表象。这把我们带回到一个问题：我们称之为表象的"东西"是什么？它为什么总是控制着我们的想象？

表象与日常生活息息相关。我们在许多不同方面的表象和被表象：在议会，在法庭；在所有一切方面的表象：文本的、口头的、听觉的、视觉的，如此等。作为一个艺术家，当我绘制表象作品同时，我也被画廊所表象。科技哲学家布鲁诺·拉图尔在评述中总结了"表象"在我们的生活中渗透的程度：

> 我们之中最谦卑的人在生活之中被代表和议员这些高贵的随从所包围。每一个夜晚，在电视上，我们的议员为我们一方在议会里发言。我们把约束、塑造、移动其他人类或非人类的任务委托给数百种非人类的助理员——电梯、汽车、轮船、机器。数以百计的科学规则和仪器不断地把远方的地点、物体和时间带给我们，它们是为了我们的检验而这样被表象的——即再度呈现。在书籍、电影、戏剧和绘画中，

人类和非人类形象表象着我们的暴力和恐惧，成群的
朋友和敌人填充着我们的世界。

一个简单的词被用于许多不同方式下的许多不同语境
中，它创造了如此多样和丰富的演员名单，这似乎很不简
单。政治性的代表与科技的和美学的代表及表象肩并肩地
坐着。这怎么可能？驱动所有这些不同的事件和事物运转
且存在于术语"表象"之下的东西是什么？于是，看起来
一些法则，一些共有的或普遍的品质会出现来规定这个多
样性，同时也证明使用这个术语是正确的，并允许这种表
象来进行"表象"。正是这种法则或命令让表象的概念来
支配所有其他的概念——在其关于表象的理论观点中，海
德格尔如此强烈地反对。

海德格尔解释说，争论的焦点不是作为"表象主义"
的表象自身。正如我们已经知道的，他提出：表象主义是
一种思考方式，或者是适用于所有被思考之物的一种思维
模式，而不是再度呈现现实。[1]它安排这个世界，并预先决
定被思考之物。为了区别表象和表象主义，海德格尔回到
词源学的词根和概念"表象"，他将其翻译为"vorstellen"。
表象的意思是：放置某种东西——一个物体，一个人，世
界——在自身面前，并涉及自身。例如，当我放置一个静
物来绘画、拍照或拍电影时，我所做的正是这个。为了绘
画、拍照或拍摄场景，我设置方案。我将物体从其日常语
境中取出，从我的观点出发给它们设定框架。我不再从它

1.福柯吸收了海德格尔关于表象主义的理论，将这种解决方案称为思想对话。
——原文注

们自身所是（那即它们的存在）来看待它们，而是根据我所做工作的特定意图来为它们设定框架。

海德格尔坚持认为，在以客体身份来构想世上所有一切的过程中，人类成为理性的中心，成为每一事物被理解所依赖的基础。他注意到："世界成为图像，与人在存在者范围内成为主体，乃是同一个过程。"（《世界图像的时代》，1950）对于海德格尔来说，表象，或者说表象主义，是一种关系，在这种关系当中，任何存在者都被认为是作为主体人的对象。正是这种由作为主体人带来的存在者的对象化，构成了表象理论的核心焦点。在艺术中，这种关系在许多方面揭示了自身，我们在画廊里放置和观看艺术作品就是最好的例证。

与存在者的关系

海德格尔的表象观点来自人类的倾向：将世界上的实体对象化并加以把握。为了帮助我们理解我们对这个世界的想象是多么不同，海德格尔抽取了早期希腊人的理解——"存在者"——并拿它与现代的理解做了比较。他认为，在前苏格拉底时代中，人类是被存在者所直观的。而在现代时期，相反的情况发生了，人类成为观看者，他成为直观存在者的人，存在者成为人类审查的对象。对于早期希腊人来说，存在者曾经在场。在这样的观念里，思维和存在是不分离的。海德格尔认为：

> 在古希腊时代，人……是被自行开启者向着在场而在它那里聚集起来的东西。……所以，为了完成他的本质，希腊人必须把自行开启者聚集（legein）和拯救（sozein）入它的敞开性之中，把自行开启者接纳和保存于它的敞开性之中，并且始终遭受着（aletheuein）所有自身分裂的混乱。

在这个世界上，人被存在者所直观。现实隐约出现在人的面前，在它那在场的力量中与人邂逅。因此，多萝西·奥尔科夫斯基指出："普罗米修斯被捆在岩石上，彭透斯被酒神巴克斯的信女所肢解，阿克提安被变成牡鹿，又被自己的猎狗群撕成碎片。"

对眼前存在之物（hypokeimenon）的敞开和暴露，是古希腊人解蔽的地平线。对世界的领悟中，被揭示之物通过其在世界中存在向着每个人敞开。作为存在者，显现在地平线上之物出场了，导致"我"属于一群存在者之中。在存在者的群体中，人既没有被赋予特权，也没有被分离，而是仅仅存在于他物之中。因此，在古希腊，存在"正处于在场，真理被解蔽。"（《世界图像的时代》，1950）在这个敞开和暴露中，世界不是一个图像，就是说，不是一个表象。表象不与存在者交涉。海德格尔认为，因为希腊人存在于物之中，不向着自身来放置世界，他们不会成为主体。他们不把世界当成一个客体，也不把世界对象化。

对于看似在世界中存在的消极接受，我们中的许多人会畏缩不前。我们是如此忙于计划我们的生活，为我们未来的成功打下基础，想象或梦想我们会成为什么，使我们自己有别于他人，以致我们从来不能面对自己，只是存在于物体之中。深层次的"客观性"是一种观念，这种观念对于在西方技术官僚社会中生存的人们非常关键。

现代时期，"人"在科技发明的帮助下，已经成为现实的决定性中心，而正是从这个牢固的中心，人向着自身来直观世界。他放置"目前的手中存在于自身之前"（《世界图像的时代》，1950），并将其作为某个主体的对象安置在合适的位置。在这个关涉现实的新型关系中，海德格尔说："人作为表象者的主体……'呈现'……活动在想象之中，因为他的表象活动把作为客体的任何存在者想象化和图像化，使之进入作为图像的世界之中。"（《世界图像的时代》，1950）人不再是脆弱的，或敞开于摆在面前或隐约于他邂逅的东西。相反，他争取使自己成为中心，并且凌驾于所有其他可能的关系之中心。他不再被存在者所直观，而是表象着存在者。

对于海德格尔来说，人们没有断言前苏格拉底时代有表象的概念，古希腊人也没有表象式的思维。然而他坚持认为，晚期希腊哲学，尤其是柏拉图的思想，在为表象时代的准备上提供了基础。它为表象被放置在合适位置准备了条件，提供了可能性。他声称：柏拉图关于形式或理念的观念打下了基础，它使存在者从在场中分离出来。存在者开始作为"世界"被限定，仅仅成为外表和外观。在这个从存在到外观的转换中，存在者作为图像（Bild）的基础被奠定了。海德格尔认为，这种认识提供了一个教条式的基础，有朝一日会让世界成为Bild，即成为一个图像。

海德格尔关于表象的观点依赖于这样一个事实：人作

为一般主体[1]，建立了一种"框架"，在这种框架下就产生了对象化和人对世界的掌握。海德格尔坚持认为，当存在者被降低至一张图示，存在就停止了。海德格尔树立希腊人把世界作为在场的理解，反对现代人把世界作为一般主体的表象，在此过程中，他的目标是将构成这种损失或停止之物揭示出来。德里达指出，对于早期希腊人而言，"存在者的存在从未在于一个放置在人面前的客体中，从未被希望占有它表象的人类主体所固定，所停止，所得到。"与此相反，海德格尔注意到：现代人把在手边存在的东西带到面前"作为威压之物"。（《世界图像的时代》，1950）在这个与存在者的新型关系中，人类开始把自己当作中心，而其他存在物变为人类的客体对象。通过这种客体化，人开始成为凌驾于所有其他可能中心之上的中心。因此，人把存在者和自身联系到一起，因为他是表象着它的。在表象世界里，人作为一般主体，表象不再是和希腊人一样的自身解蔽，而是设置掌握和控制。海德格尔声称：在表象时代，攻击性支配一切。表象的统治地位产生了暴力。他断言：

> 存在者不再是在场者，而是在表象活动中才被对立地摆置东西，亦即是对象。……表象乃是威压着、控制着的对象化。……由此，表象把万物纠集于如此

1.海德格尔认为，"主体"（subject）这一概念最初并没有任何突出的与人的关系，因此，本文参考孙周兴先生的译法，将subject译为主体，将"subjectum"译为"一般主体"。——译者注

这般的对象统一体中。(《世界图像的时代》,1950）

　　人不再处于存在者之中，也不被存在者直观。他现在成为直观他物者。在这种关系中，存在者的一切作为持续存在被转化，被有秩序地安放。通过表象的能力，或者说将世界模型化的能力，人类为其自身的目的而获得了世界。但是，伴随着这种新获得的力量，海德格尔警告我们，一种可怕的损失被招致了。因为人不再将其自身敞开于世界，他便不再能继续体验作为存在的存在者。在"艺术课题"中，我们看到这种表象论者的冲动。艺术课题将意图和先入之见置入成果之中，这样一来，我们不再能敞开于过程中可能出现之物。

世界图像时代

　　在《世界图像的时代》（1950）之中，海德格尔把现代时期命名为表象的时代。在西方，现代时期从笛卡尔的时代延伸到当前。在这个时代，他坚持认为，世界被缩减为一个图像，那就是表象。在这个摆在眼前并向着自身的关系中，世界成为了人类主体的一个图像。[1]

1.海德格尔坚持认为，世界成为图像这一事件，与"人类于存在者之中成为一般主体这一事件"同时发生。（《世界图像的时代》）——原文注

当我们想到"图像"一词的时候，我们就会首先想到某物的复制品，或许是一幅绘画、制图、照片、文字描写，或者更普遍地，是一种心理图像。我们倾向于假设，图像具有存在的性质，就像世界上的某种东西一样。然而，海德格尔澄清了这样一点：当他提到"世界图像"的时候，他并非在指一幅图像，即指世界的一个复制品。这种观念过于字面化，并且退入到"自然的态度"和"本质的复制"假定之中。在海德格尔的观念里，"表象"既不使用日常用法的多样性，也不意味着呈现一幅图像，而是作为组建世界的方法或系统。通过它，世界被缩减为一个准则或模型。在这种冥想中，世界被原初地作为一幅图像来构想和掌握。

海德格尔认为，是笛卡尔，揭示了表象的新范式，并且将世界缩减为一幅图像。[1]这个图像不是模仿的图像，而是一个数学模型或者原型，从中我们可以建立一幅图像。[2]原型、模型或图示，建立了世界可能成为的东西。它在现实化之前暗示了一种概念的构想；"某物"在被带入存在之前就被思考了。城市规划和建筑设计可以为我们提供这种"强制模型"的例子。小型纸板、中密度纤维板和火柴棒模型被用来制造和建立模型，它们可以显示世界能成为何种样子。然后，承蒙人类，世界在这种图像中被创建了

1.迈克尔•福柯也将表象主义归于笛卡尔，尽管它识别出了一个不同的历史分期。——原文注

2.数学（mathematics）一词的词根是"mathesis"，意思是"先入之见"。——原文注

出来。

　　笛卡尔用知识的数学化把世界缩减为一个图示，一系列标准或准则提供了可能性的条件。就在场（存在）的复制而言，它不是一个表象，而是字面上对世界的再度表象。对于海德格尔来说，它包括对存在者的规划。（《世界图像的时代》，1950）世界图像时代不关注视觉的描绘和模仿，而是关注世界的模型化和框架化。它将世界缩减为数据。

　　实体被转换为数据是我们当代生活的明确标志之一。我们乐意在申请表里，在调查中，在网络上或通过电话来提供关于我们自己的信息。无论是在民意调查、人口普查收集、税收返还、报名表格中，还是在社会保障应用上，我们提供的信息都被转换为数据。这种数据采取数字图示的形式，它随后被各种机构和政府用于制定对我们的生活产生影响的决策。刻印文字代替了我们的空间，他们是抽象概念，他们被移动，被结合，被比较，被叠加，被用于代表我们，为我们的生活制定决策。因而，人们的跑动、骑车、散步，或者遛狗，成了条形图上的模型，或表格上的数字。

　　因此，现代时期最重要的事件就是我们用图像征服了世界。通过摆置存在者于自身面前的能力，人类已经能够建构他们的现实。海德格尔坚持认为，通过表象主义，"人类将其对一切事物的计算、计划和模型化的无限能力发挥了出来。对于在世界中建立自身来说，作为研究的科学是一种绝对必需的形式。"（《艺术作品的本源》，1935）以其形式上和规范的特点，表象预先确定了我们对世界的理解，以及存在是什么。

海德格尔坚持认为：正是通过笛卡尔关于人与世界关系之概念重构，表象成为作为一般主体的"人类"领域。在笛卡尔对世界的构想中，表象的"客观"结构意味着一种订制，正是作为主体的人（一般主体）订制着这个世界，并生产出图像。世界成为图像，并且因为"人类"直观着它，表象着它，故而世界可以被建立为模型。在将世界摆置到自身面前并涉及自身来摆置的过程中，人类将其自身置入一切关系的中心。

在表象中，有的人将世界概念化，有的人将世界模型化。在此图示中，作为存在而被清点之物已经被预先构想了出来，并因此成为可控制的。对于海德格尔来说，这意味着：存在就这样被排除在外了。我们可以从第一章回忆起，这不是海德格尔看待我们与世界关系的方式。海德格尔认为，"此在"的"被抛"：意味着我们对于世界的理解不是规范性的，而是出现于"在世界中存在"之中，以及与他物打交道的过程之中。在这里，潜藏着海德格尔表象理论的基础。与笛卡尔所不同的是，他相信世界从来不是客观的，并且不能被预先获知。

透视法

一种范式的转换能使人将自身置入一切关系的中心，成为一般主体，并将世界作为其表象摆置在自己面前——我们如何能想象这样一种范式的转换？当数学化知识使人能把世界作为图像来构想时，它也影响了我们看待世界的想象力。诺尔曼·布里森在其《注视与绘画：注视的逻辑》中认为：线性的透视法使绘画的惯例出现了一种转换，它确认了人类同存在者的一种改变了的关系。他演示了"线性透视法"的结构——一种世界的数学模型——是如何使人类为自己谋求到了世界中心的位置。

　　布里森将文艺复兴之前的壁画、镶嵌画和玻璃彩饰，同早期文艺复兴时期的同类作品做了比较，后者开始将透视法作为一种组织原则来加以运用。他认为，在文艺复兴之前的时代，"作为信仰的一员，观察主体被仪式化地宣讲；而作为普遍性的在场齐声，观察主体被集体性地宣讲。"与周期性的礼拜仪式相一致，文艺复兴之前的壁画作为围绕教堂墙壁的连续的檐壁装饰被呈现出来。后续的片断被联合为一个整体性的叙述，这促进了这种连续性。通过这种结构，观众被集体性地吸引，并被这个循环所推动。在此语境中，布里森说："'身体看不见它自己'，但是'我'属于存在者的群体之中，并被上帝所直观。"

　　布里森分辨出三种变化，它们瓦解了这种连续性，并为"身体"看见自身铺平了道路。因此，这也就为人类成为一般主体铺平了道路。首先，他声称：艺术家开始瓦解和分裂叙述空间，而此空间曾在形式上将观众作为仪式化的合唱队。他识别了乔托在阿西尼城和帕多瓦城的壁画，将其举例以说明这个变化。在这些壁画中，乔托分别架构了每一个叙述性的事件，故而它们不再能作为一个连续性的叙述而起作用。通过打破联系，每一个场景变得个体化，并且那种连续性的叙述被分解了。其结果是，每一个场景开始被"某观众"逐一地观看，此观众从仪式化的合唱队中被单独挑出。

通过对个别场景进行架构而产生的个体化因图像语境下的变化而得到加强。通过包含复杂的象征主义，艺术家开始创作图像，它们超过了认知所需的最小模式，需要被视觉文化的观众解码和诠释。布里森认为，"阅读符号牢固构建了观众……将其作为它——一对一的、高度特殊化的图示接受者。"观众诠释图像符码的要求使观看更接近于思考。此时，观看与中世纪宗教—美学的沉思形成鲜明的对照。

最后，布里森区识别出了透视法在为观众看见作为图像的自身铺平道路中的角色。透视法提供了一个特定的空间排序方法，这种方法很方便观者去掌握。透视法不是助长了一个连续之流去推进围绕着空间的观众，而是将观众拉出来，放入图像的空间。泪小点的接受开始正式形成并被记录在阿尔贝蒂的《绘画论》中。根据透视法的逻辑，观众所占据的位置和画家最初所占据的位置是一样的，于是画家和观众是通过同样的取景框看世界的。对于布里森来说，中心线，即从观察点走到消失点的线，构成了对自身注视的还原。在这个图示中，布里森指出：

> 消失点标记出了激进的他异性法则在画作中的置入，因为它的注视还原了作为其自身客体的观众置入：某物在看我之所看：这种注视，它的位置我从未能占据，并且它的远景我只能通过倒转我自己来加以想象。

如此一来，布里森坚持认为，客观性和可计算性出现在观看的过程之中。根据这个逻辑——它是表象的逻辑之一——观众被带回到一种表象之中。这样一来，布里森指出，"作为一个可度量的、可觉察的被客体化的单位，阿尔贝蒂式的空间在身体自身的图像中将其带回自身。"阿尔贝蒂式的空间比笛卡尔哲学的主体提出得更早。阿尔贝蒂式的主体，在某种程度上已经等同于笛卡尔哲学的主体。阿尔贝蒂式的主体处在一个能感知自身的位置上，而不仅仅存在于他者之中。这种外部的可视化对笛卡尔哲学的"我思故我在"形成补充。直到20世纪初，尤其是在毕加索对多视点的实验中，这个关于自我的一元化观点才受到严重的质疑。

　　对于不断演化的图像传统的分析，为可能存在的发展轨迹——把人类从上帝注视下的存在转换出来，将其置于一切关系的中心提供了思路。但不太清楚的是中世纪的上帝被逐出此关系的中心过程。在透视法的逻辑里，"艺术家"和"观众"走进了先前由上帝象征性地占据的位置。中心线要求观众对着消失点来占据观察点。在此过程中，透视法的符码将人类置入图像的中心，这是先前只有上帝才能占据的位置。最初是上帝，然后是人类和上帝共同站在观察点上。最后，上帝被推到一边并被完全取代。在这个变化中，人类争取成为了中心，主导着其他所有可能的关系之中心。这就使人类将许多品质归于自身，而这些品质过去只能用于上帝身上。

　　表象的统治用透视法的结构和逻辑来说明造成存在和

存在者的分裂原因。存在者开始被表象所调解。表象化的存在者成为某种发生于主体心灵并为了主体心灵而发生的东西。在作为表象而绘制自身的过程中，笛卡尔的哲学主体从来不能将存在者理解为存在，存在者被数学化了，它被降低至一张图示。

表象主义提供了世界观，或者说世界图景，它建构了我们如何思考和表现我们对世界所能知道的一切方式。世界成为心灵的产物，这就是意识形态。海德格尔的"世界图像时代"对此方式，即这种思维模式使我们不能将存在者作为存在来体验，持批判态度。

然而，让我们暂且试着用另一种方式来重塑这种人类与存在者的关系。例如，要是人类没有将所邂逅之物摆置到自身面前，并向着自身来摆置，这将会如何？要是人类没有将这些物体作为客体来"应对"，这将会如何？人类将会怎样把他们自身和存在者区分开来？表象或许有其局限，但如果它没有建构我们的"在世界中存在"，我们又能知道什么呢？如果我们真的一劳永逸地消除了表象，我们是否会陷入混乱的深渊？

没有表象的预订结构，就会存在着一种"真正的"危机：人类将会直面相对于直接性、简单性和未经证实的思考。它的政治哲学将是什么呢？这种"存在"的召唤，这种直接性、简单性，难道不会造成最压抑的政治、社会和美学方面的管理体制吗？看起来，表象似乎过于普遍而不能被单纯地被悬置或被排除。然而，虽然我们不能完全消除表象主义，但它也不能阻止我们考问它的这种假设。海德格尔认为，如果我们接受了我们的"在世界中存在"，以及我们在他物之中的地位，我们将适应他物而不是将其作为客体摆置在我们面前。他对于早期希腊思想的解释为我们提供了这种可能性。

这种适应他物的关系对于我们理解艺术而言意味着什么呢？艺术不单纯是一个心灵的规划，它也不是被制造出来的。在前面几章，我们已经开始理解：艺术作品是对从未被揭示之物的解蔽。在艺术中，我们从未预先揣测将会发生什么。在接下来的几章里，我将证明：正是通过我们对世界上其他实体的重要应对即对我们的技术、材料、知识和身体的适应——艺术才全部离开了表象主义的范围。从海德格尔的视角来思考，艺术不是一个表象性的实践，艺术史也不是表象的历史。

第四章

The Fourth Chapter

艺术与技术

第四章　艺术与技术

什么是现代技术？它……是一种揭示……在现代技术中起支配作用的解蔽，并不把自身展开于"生产"意义上的产出。在现代技术中起支配作用的解蔽乃是一种挑战（Herausfordern），此种挑战向自然提出非理性的要求，要求自然像其他一样提供能够被开采和贮藏的能量……

贯穿并统治着现代技术的解蔽具有挑战意义上的摆置之特征。这种挑战的发生，乃由于隐藏于自然中的能量被开发出来，被开发的东西被变形，被变形的东西被储存，被储存的东西又相应地被分配，而被分配的东西又重新被转换。开发、变形、储存、分配和转换，都是解蔽的方式。但是，解蔽从未简单地走向终结，它也不会流失于不确定的东西。解蔽向它本身揭示出它自身的多重啮合的轨道，这是由于它控制着这些轨道。这种控制本身从它这方面看是处处得到保障的，控制和保障甚至成为挑战解蔽的主要特征。

那么，无蔽的何种方式是为那种通过挑战着的摆置而完成的东西所特有的呢？这种东西处处被预订且立即到场，而且是为了本身能进一步地预订而到场。如此这般被预订的东西具有其特有的状况。这种状况，我们将其称为持存（Bestand）。"持存"一词在此表达的意思超出了单纯的"贮存"，并且比后者更为根本。"持存"这个名称取得了广泛性的准则的地位。它所标识的，无非是为挑战着地解蔽所涉及的一切东西的在场方式。在持存意义上立身的东西，不再作为对象而与我们相对而立。（《技术的追问》，1954）

背景

在20世纪80年代中期，德国艺术家安塞尔姆·基弗在一个陈旧的工厂里建立了他的画室，之后根据工厂式的生产模式来经营他的作坊。他聘用了专门化的劳动力，并开发了技术上的集约化生产技艺，来确保他创作大量的作品。在其关于安塞尔姆·基弗的艺术和海德格尔的哲学之关系的专著中[1]，马修·毕罗注意到，在基弗的艺术实践的发展中，它从围绕手工的传统实践转型为工业化和机械化的生产。毕罗评论道：

---

1. 见马修·毕罗的著作《安塞尔姆·基弗和马丁·海德格尔的哲学》（1998），其中有一个分析，是对基弗的作品和海德格尔的理论的有趣对比。——原文注

在20世纪80年代，基弗转型到一个更加类似工厂的生产模式，除了他工作空间的飞速扩张之外，其他外部迹象还包括：他的巨大的工作产量，从1987年到1990年工作劳力超过400%的增加（从4个助手增加到17个助手），此外他还有生产越来越多特大号的（甚至是巨型的）艺术形式倾向。

尽管其画室和工作实践有工业性生产的外观，基弗认为自己是一个创作艺术的艺术家，而不是一个从事政治和工业生产实践的企业家。

在采用大规模工业方法的艺术家中，安塞尔姆·基弗不是唯一的。越来越多的当代艺术家运用大规模的经营方式，雇用专门化的劳动力来为其工作。另外，许多艺术家将其艺术作品的生产外包出去（例如，杰夫·昆斯、达明安·赫斯特、奥拉维尔·埃利亚松、森万里子、马修·巴尼），而不是动手自己做。这种生产模式将艺术家作为监督生产过程的"创意指导者"和"项目经理"树立了起来。在当代技术社会的背景下，艺术家独自一人在画室掌管手工艺术品的"形象"，现在看起来是古老和过时的做事方式。对于某些人来说，艺术已经成为技术性的生产。艺术生产和其他生产形式的边界模糊，以及由技术性生产而引起的技巧随后丧失，改变了艺术家、艺术和技术之间的根本性关系。

在其对技术的评论性文章《技术的追问》（1954）中，海德格尔审视了技术如何开始塑造我们的生活以及我们对世上之物的态度。他是通过回顾我们对技术的常识或日常理解来开始他对技术的分析的。在我们的日常生活里，我们在世上四处走动，将其作为为了做某事的设备而制造、使用工具和机器。在早晨，我们从中而起的床铺，是帮助睡眠的一种设备，而牙刷和牙膏的存在则是为了我们清洁牙齿。茶壶提供开水，使我们能做早茶或咖啡。我们穿衣服，是为了能包裹起我们的赤身裸体，使我们御寒，或时尚的概念，或防止我们晒伤。床、牙刷、茶壶和衣服都是设备，我们在日常生活中将其作为达到目的的手段而使用它们。海德格尔说问题在于：我们是如此忙于做自己的事情，将其作为达到目的的手段而使用物体，以致我们不能停下来思考这些构成我们生活的物体，或思考我们是如何与其打交道的。我们遗忘了它们在本质上是什么，遗忘了它们的存在，而只是将其视为我们所使用的资源。事实上，在一个技术官僚型的社会中，任何事物，甚至其他人类，都成为资源。我们生活在工具主义的规则下，事物不为其自身存在，而是为了做某事而存在。

海德格尔对技术的评价为艺术家提供了一个特殊的深刻见解。作为艺术家，我们运用专门化的技术来制造特定艺术作品的形式。一个行为艺术家会运用他的身体，一个概念艺术家或许会运用观念和各种零星之物，而一个雕塑家或许会使用锤子或缝纫机。例如，安塞尔姆·基弗，运用技术性和工业化的设备和材料的储备物，例如铸造设备、金工机械、起重机、叉车、切割机、沙子、稻草、黏土、银、铅、金，以及熟练的劳动力，以便来制造其艺术作品。就我们与技术的日常关系而言，任何事物，包括他的熟练劳动力，都是为了制造一件艺术作品的资源。

人类与技术的关系

海德格尔注意到：在一个技术官僚型的社会，我们为了掌握世界，将世界和其中的一切都作为资源和"达到目的手段"来使用它。当我们每次认识到世界的资源是有限的，认识到可持续发展途径的必要，海德格尔重估我们与技术的关系的探寻，以及发展与技术的新型关系的探寻，就开始变得紧迫且势在必行。要是技术不仅仅是一种由人类建立的达到目的的手段会如何？这种想法如何与人类所展示的控制世界的意愿并存？要是技术不是关于人类作为达到目的的手段来使用工具、机器和电脑会如何？我们会如何构想这些东西？海德格尔的追问，扰乱了关于技术的工具性定义的假设。

《技术的追问》写于1949年和1954年。基于战后德国的社会和政治现实，它可以被视为一种反应，即对丁作为达到目的之手段的技术运用之毁灭的反应。[1]他的关注乃是对这种关系的再思考，以及提升人类和技术之间的开放性关系。这种追问不应该与看到或提升技术相混淆。在考问技术的过程中，海德格尔致力于使人类存在敞开于技术的本质，以使我们能够"在其自身的边界中体验技术……（并且不被）最恶劣地被交付给技术。"（《技术的追问》，1954）

1.尽管海德格尔的例子有点陈旧，但人类越与机器相混合，他的基本问题就具有更大的相关性。——原文注

海德格尔担心日常存在会陷入技术性——那正是技术能为我们所做的（在实体的事物之领域）——而不给予技术的本质以适当的关注。现代技术狂导致的社会问题就是：当我们深深陷入技术能为我们所做之中时，我们如何接近技术的本质。在海德格尔的预测里，只要我们将世界作为一种资源来表象，将技术作为一种为了达到目的的工具，"我们便还系缚于那种控制技术的意志之中。"（《技术的追问》，1954）他要求我们重估我们与技术的关系，以便我们也许可以发展出一种同技术的新型关系。在此重估之中，我们需要理解技术的本质。

对于海德格尔来说，技术作为工具、设备和仪器，其材料性的表现并不等同于技术的本质。海德格尔认为，技术的本质存在于解蔽：

> 如此看来，技术就不仅仅是手段，技术乃是一种解蔽方式。倘若我们注意到这一点，那么就会有一个完全不同的适合于技术之本质领域向我们开启出现……技术乃是在解蔽和无蔽状态的发生领域中，在aletheia即真理的发生领域中来到我们面前的。

从我们对《艺术作品的本源》阅读中，我们对解蔽、无蔽和aletheia（真理）的概念已经颇为熟悉。我们可以回忆出：艺术的本质与制造、操纵或加工艺术作品无关，而是一种解蔽的方式，一种创造一个敞开区域而使真理（aletheia）在其中现身的方式。在《技术的追问》中，海德格尔断言：对于技术的本质也同样如此。如果艺术和技术两者都是解蔽或无蔽，那么"审美的解蔽"（或海德格尔所谓的"生产"）与"技术的解蔽"相异的东西又是什么？对于我们理解从事技术性生产和外包这一当代实践的模式来说，这一区分的结果是什么呢？

　　海德格尔在当代艺术中所进行的考问是：这是艺术吗？而他对技术的拷问采取了不同的形式。不同在于，海德格尔的考问要求我们思考自身与材料、工具和工艺过程（我们为了制造艺术品而使用它们）的关系。他提出：当技术被作为达到目的的手段来制造艺术品而被使用，当技术为人类提供能力，将一切转换为人类使用的资源时，我们便会罹患一种特殊形式的"失明"。我们将不再能以其他方式看见世上之物以及世界本身。用海德格尔的术语来说：我们无蔽的地平线受限于技术所能为我们做的东西。

　　对于海德格尔来说，技术性的解蔽使表象主义的霸权在我们理解世界的方式上维持其控制。在表象主义的统治下，如我们在第三章所看到的，客体被降低至"持存"（bestand），因其在某种程度是可得到的，它也被现代技术官僚型社会的需要所渴求。"持存"的观念需要作为一种图示来理解，此时客体被预订和降低至一种被人类使用的准备状态。世上之物"在那里"存在着，准备着被搜集、清点和计算，以便人类可以在掌控世界的追求中使用它们。客体和设备开始被吸入"持存"的总体之中，失去了它们作为客体的品质。在船坞和工厂的原材料储备中，我们可以发现这一点。在术语"劳动力储备"中，我们也能发现这一点，此时人的劳动被降低至供应其"劳动力需求"的性能。世界变为"持存"，这一转换的后果是，大地被视为一种资源，一种由人类通过技术来统治的资源。如此一来，毕罗指出，"事物的丰富性和多样性被一套简化的属性所取代：事物的使用价值及其在变换和交易的全球性网络中的地位。"

座架

将存在物——既包括人类也包括非人类——降低至"持存"的预订属于座架（gestell）的统治或主权。我们可以从本书的引言中回忆起：座架为我们配置了框架，这个框架围绕着关于我们如何能够看到和思考某物并表象它。座架，如同海德格尔所惠爱的"生产的"解蔽，是走向出场存在模式的一种形式，它将要随后在本章被讨论。然而，和"生产的"解蔽不同，座架不允许某物的存在被带入出现。相反，它是一种"挑战的摆置（stellen），将万物作为人类使用的供应而安置其位。"（《技术的追问》，1954）在海德格尔的哲学中，座架的解蔽构成了现代技术的本质。

座架，就和画框一样，规定了什么可以作为图像的一部分被看见。画框之外的任何东西都失去了真正的意义。因此，座架为我们如何瞭望和理解我们所居住的世界设定了参数。作为解蔽的唯一方式，我们无法以其他方式观看这个世界了，座架的解蔽威胁着人类与自己的关系和与其他一切东西的关系。一切人和事都成了资源，作为控制和增加利益的手段而被使用。

作为座架的解蔽技术模式，将世界视为"持存"，并将人置于预订它的中心地位。在这样的挑战解蔽中，自然被转换为能量，作为达到目的的手段可以被储存和使用。在此模式中：

> 土地被挑战着失去了煤炭和矿石。大地作为煤矿区，土壤作为矿藏而打开自己。耕作农业成了机械化的食物工业。空气为着氮料的出产而被摆置，土地为着矿石而被摆置，矿石为着铀之类的材料而被摆置，铀为着原子能而被摆置，而原子能则可以为毁灭或和平利用的目的而被释放出来。(《技术的追问》,1954)

海德格尔警告说：座架是一种危险的思维方式。把世界作为一种资源而为其配置座架或者框架。这建立了一种思路，依据此种思维模式，一切事物皆被歪曲。他称这种把特定思维模式置入适当位置的操作称为"命运"。命运（Geschick）的意思是"在途中遣送或启动某物"。对于海德格尔来说，它是"聚集着的遣送，此种遣送首先给人指点一条解蔽的道路"(《技术的追问》,1954)。一旦置入适当位置并在途中安置，命运的特定模式聚集动量并开始增加。作为命运模式的座架之危险在于，它开始增加并控制了人类意识。

海德格尔对作为解蔽特有模式的座架之批判，与他对"艺术行当"的批判相映成趣。就如同座架的特征是对作为"持存"的世界之促逼的摆置和订造，"艺术"行当也被类似地思考。事实上，作为解蔽模式的艺术行当就是一种座架。海德格尔明确指出，作为解蔽的模式，艺术行当让我们远离了艺术的本质。当我们骑上自行车去买材料、制造作品、推销它们、参加比赛、展览和销售时，我们就能发现这一点。

作为订造和解蔽模式的座架是最大的危险，因为尽管它把人类提高到控制的地位，但它把一切，甚至人类，降低至持存物，海德格尔指出：

> 甚至一旦无蔽领域不再作为对象，而是唯一地作为持存物与人相关涉，而人在失去对象的东西的范围内还只是持存物的订造者，那么人就走到了悬崖的最边缘，即走到了那个地方，在那里人本身还被看作持存物。但正是受到如此威胁，人类神气活现地成为了地球的主人角色。（《技术的追问》，1954）

通过参照将存在降低至纯粹资源的这种存在模式，海德格尔谈及这种险峻的堕落。在此堕落中，人类也被降低至持存物。无论作为资源还是作为持存的订造，人类理解其存在的潜质都丧失了。在技术官僚型社会的管理主义中，我们看起来似乎陷于两者中的任何一条道路。作为持存物，我们不再对我们的命运有着控制，而是成为在生产机器中单纯的持存物。作为持存物的订造，我们将别人作为资源而掠夺。

人类非常容易屈服于成为持存物的订造危险，因为它提高了对自然的权力，巩固了他们作为"大地之主人"的地位。他给予了人类这种能力，即释放在自然中固有的力量，并作为达到目的的手段而使用它们。如此一来，技术性的解蔽使得人类将其视野拓展至自然中，并将其掌控延伸到一切事物之中，包括其他人类。因此，比如说，我们就会谈及人力资源和人力资源管理。

在当代文化中，这种把人类降低至纯粹的资源的习惯，在下列活动中达到了顶峰：公司的"猎头寻访"和作为"名人"的流行歌星、影星、体育明星的商品化。这些名人成为资源，作为提升和销售产品和影像的手段而被利用。艺术家也不免于这样被降低持存物。正如约瑟芬·斯塔尔和米列夫斯基所注意到的：

> 艺术家就像流行歌星，越是有名和有争议，他们就越有可能卖出他们的作品。目前，在希思罗机场有翠西·艾敏的广告牌，出售孟买蓝宝石金酒。首先，艺术家成为有待促销的商品；然后，当他们足够有名时，他们就可以被利用来销售其他产品。

作为名人的艺术家被降低至持存物。在对瓦妮莎·比克罗夫特为古奇产品的促销之分析中，加里·威利斯揭开了资本主义、艺术行当和认知的座架模式之间的不干净交易：

> 想一想瓦妮莎·比克罗夫特这一典型。1998年，继续着她早些年在威尼斯双年展的成功，比克罗夫特在古奇的赞助下在全世界范围内24个城市投机性举办了35个表演性

的活动。在纽约的古根汉姆博物馆的表演中，比克罗夫特的巡回展达到高潮，20个时装模特在开幕式上站了2个半小时，穿着"汤姆·福特"、古奇莱茵石比基尼和高跟鞋……在开幕式上，被邀请的客人可以购买古奇比基尼、古奇的鞋子或者比克罗夫特的照片。尽管艺术世界将这种表演视为由艺术家和博物馆之类制造的"爆棚"，但媒体很喜欢它，列奥纳多·迪·卡普里奥认为它很"酷"，古奇的概念营销经理汤姆·福特被作为新的达明安·赫斯特受到欢呼。在那个季节，这场秀成为纽约的街谈巷议。

成为名流艺术家会带来很多回报，尤其是巨大的财富会伴随着名人的地位而来。这使艺术家将世界作为持存物，以便产生更多的艺术和金钱，由此担当"大地之主"的位子。在对森万里子的"Tom Na H-iu"的评论中，马克·彭宁对诸如皮皮洛蒂·瑞斯特、奥拉维尔·埃利亚松、马修·巴尼和森万里子等艺术家作出了如下评价。他评论道：这些艺术家是新一代精英中的一部分，扮演着创意导演和项目经理的角色。这些艺术家将点子外包给制造艺术作品的团队和公司，然后这些艺术作品为了猎奇之需而被不断地递送到全球性的艺术机构去。彭宁认为，这种安排是成功的。

为这些从业者产生了极大的经济效益，并使他们能集结可观的经济和创意资源。这也相应地产生了新的信心，甚至刺激了更多宏伟的和野心勃勃的计划。

达明安•赫斯特，担任创意导演角色的另一位艺术家，有能力资助艺术作品《看在上帝的份上》的制作。该作品是一个镶嵌了钻石的骷髅，然后卖了五千万英镑。他评论说："旁观人打算付多少钱，一件艺术作品的价格就只值多少钱。"这个评论看起来证实了海德格尔的预测：在艺术行业统治之处，艺术的"真理"遭到遗忘。[1]

当座架的解蔽主宰着我们关于世界的思维方式，海德格尔声称：它排斥了任何一种其他解蔽的可能性。解蔽变成了以对持存物的控制和获得为特征的思维方式。(《技术的追问》，1954) 在这种模式的解蔽中，人类面临着这样的危险：除了在订造中可以理解的之外，什么都理解不了。这种订造变成了一种标准，一切都是基于这个标准。海德格尔有关持存物的解释对人类面临的命运提供了一个悲观的预测。

在其诱人的力量中，作为一种命运，座架威胁要取消一切其他解蔽的模式。尽管我们积累了越来越多的东西，我们却开始完全地从理解存在(我们的存在和与之打交道的实体的存在)的任务中被转移了。不过，尽管座架为现代人提供了一条存在的诱人道路，海德格尔却主张这不是我们必须遵循的命运。他指出，尽管我们现在生活在一种座架解蔽的影响下，但我们不必盲目推进科技，并指望它会完全地拿出世界难题的解决之道，或者反过来将科技作为"魔鬼的作品"而拒绝它。(《技术的追问》，1954) 他认为，如果人类能够真正认识到座架整体性力量之危险，人类将

1.《看在上帝的份上》于 2007 年 8 月被卖给了一个匿名的投资者。见霍伊尔（2007）对销售的小报报道。——译者注

能向其他解蔽模式的潜能敞开。海德格尔坚持认为，在此认识过程中，我们可以从最坏的命运中挽救出我们自己。

挑战在于人类向解蔽的另一种可能性敞开，它不再将每一种存在（包括人类存在）作为持存物来安置。海德格尔持这样的观点：如果我们向技术的本质敞开，如果我们认识到技术性的解蔽也是一种遮蔽，那么我们就会处于有利的地位来"出乎意料地为一种开放的要求占领。"（《技术的追问》，1954）对海德格尔来说，拯救的力量来自审美解蔽的模式。他相信，作为"生产"的审美解蔽可以保存人类免于特定技术性解蔽（即座架）的危险。

生产

生产（Poiesis），和座架一样，是存在显现的一种模式。然而，海德格尔清楚地区分了两种模式之间的不同。座架关注的是订造和对存在的掌握，而生产涉及面向存在的敞开。正如在第三章中所看到的，面向存在的敞开与古希腊对在场的理解相关，它是一种产出或存在的无蔽状态。海德格尔注意到：对于柏拉图来说，"对总是从不在场者向在场过渡和发生的东西来说，每一种引发都是生产，都是产出。"（《技术的追问》，1954）

海德格尔告诉我们，在自然中发生的解蔽，即生长（physis），是最高意义上的生产。（《技术的追问》，1954）花儿的怒放，婴儿的诞生，或水果的成熟，都是生长的例子。海德格尔比较了某物自身向外的产出和艺术的产出，指出："工匠和艺术家产出的东西……其产出之突显并非在它本身中，而在一个它者中，在工匠或艺术家之中。"（《技术的追问》，1954）

对于产出，即属于艺术家或工匠的产出，海德格尔将此术语命名为"技艺"（techne），即我们现代词汇"技术"的词根。技艺，作为产出的一个特定形式，看起来在生产和座架之间摆动。当技艺作为解蔽从属于产出之时，海德格尔指出，它就是创作。（《技术的追问》，1954）然而，当工匠的活动和技巧术语被理解时，技艺被视为一种工具性的方式。它是达到目的的手段。如果从好的方面来想，技艺承担了一个控制性解蔽的角色。正是这种控制和掌握的倾向树立了技艺的矛盾心理。更进一步来说，在海德格尔的估计中，正是这种倾向在现代技术性时代中起到引领作用。他认为：

> 解蔽贯通并统治着现代技术。但这里，解蔽并不把自身展开于生产意义上的产出。在现代技术中起支配作用的解蔽乃是一种促逼（herausfordern），此种促逼向自然提出蛮横要求，要求自然提供本身能够被开采和储藏的能量。（《技术的追问》，1954）

作为生产的技艺和作为座架的技艺之间的区别，在海德格尔关于术语"莱茵河"的两种不同用法的讨论中呈现得很清楚。在第一个例子中，即现代技术的例子中，"莱茵河"是一条筑坝供电的河流。在第二个例子中，"莱茵河"是诗人荷尔德林的一首赞美诗的标题。[1]海德格尔坚持认为，当"莱茵河"作为水力发电的电源被人类筑坝使用之时，它是一个促逼的显现。这个促逼的显现以下列方式发生：在河流的筑坝过程中，隐藏于大自然的能量被开采使用或成为可用之物。被开采的潜能被转换为电能。这种电能通过电网被输送到家庭或工业之中。这种电能自身也以商品生产等形式被开采使用或成为可用之物。这种无休止地开采、转换、储藏、输送和重新被转换的过程就是解蔽的方式。（《技术的追问》，1954）这种解蔽的特征就是某种控制。在其中，"莱茵河"在其能力方面被看成为了人类使用而被控制和获取。

形成对比的是，海德格尔坚持认为，在荷尔德林赞美诗的解蔽中，"莱茵河"不是一种限于此种控制的解蔽。相反，艺术作品将"莱茵河"带入显现。技艺，作为生产，将"莱茵河"解放为如其所是的东西，它开启了这种或那种可能性，它不是被他物所决定的。如此一来，可以这样说，艺术作品就是在其行进的路上对"莱茵河"的摆置。作为生产的技艺和作为座架的技艺之间的对比在这个例子中被清楚地阐明了。当荷尔德林赞美诗促成了一种开放性的关系，开启了某物前进的道路，而座架的促逼显现却想要订造和控制的确定性关系。

海德格尔担心：在技术性时代，当艺术（就像其他的任何东西一样）成为技术性的生产，作为一种创作性解蔽

---

1. 见大卫·巴瑞森和丹尼尔·若思导演的电影《伊斯忒河》，该片以多瑙河黑森林源头的旅行作为背景，借此来导航海德格尔 1942 年的演讲和荷尔德林的赞美诗《伊斯忒河》。——原文注

的艺术真理便被一种技术性的解蔽所取代了。这里，我们可以回到安塞尔姆·基弗作品中的那种含糊性。基弗作品中的艺术生产和其他生产形式界限的模糊，已然针对当代社会的艺术本质提出了许多问题。当一件"艺术作品"可能看起来如同任何批量生产的产品时，这种情况就会尤其如此。[1]如果基弗关注他所投入其中的材料转换性潜力，这与技术的工具性定义又会有什么不同呢？是什么使他的工作与技术性生产有着很大不同呢？（《技术的追问》，1954）基弗作品中的解蔽和座架的解蔽又有着怎样的不同呢？

在最初的印象中，基弗的艺术实践看起来如同一种座架的解蔽一样在运作着。操作的规模，准质量生产方法的采用，以及熟练工人的雇佣，这些都与工业化生活的操作相似。基弗的实践是技术性的，不仅仅因为他依赖于专业的劳动力（可以塑形、铸模、铸造、缝纫等的技术工匠），而且也因为他聚集了资源，这些资源使他能够获得生产的方法来激增他的实践。在其聚集和操纵大量材料来创作更多的艺术并在国际艺术市场上获取更大利润的能力发挥中，基弗可以被视为从事于"开发，变形，储存，分配和转换"，（《技术的追问》，1954）那是以技术性解蔽为特征的。

然而，毕罗坚持认为，尽管基弗信奉技术，接受生产的技术性方法，但他的作品没有简单地将世界视为资源，视为某种被利用的东西。相反地，毕罗认为，基弗的作品

1.在这个讨论的语境下，杰夫·昆斯的作品具有典型性。——译者注

揭示了技术性解蔽和创作性解蔽之间的紧张关系。毕罗的阐述：

一方面，自然显示出可以被操纵的样子——物质材料因人欲横流而被铸造、塑形，并被赋予意义；另一方面，基弗的作品也展示出：自然材料对自身而言也拥有一种完整性和整体性——一种浓厚的"意义"，这种意义与人类目的和计划（自然材料被用来为其服务）无关。通过技术手段，基弗在人类和自然之间的界面上安置了一个放大镜。有时候，他提醒他的观众注意到个体性的责任，例如，他用这样的方式挖凿、撕扯他所建立的"自然"表面，以向我们显示他的解构性力量。有时候，他提醒他的观众注意到自然的力量，例如，在他的一些作品中，自然材料被用来掩盖精确的表象，或者在其另一些作品中，他暗示自然力拥有类似于核裂变与核聚变一样的能量。基弗的工厂环境给了他一个空间，在此空间里他可以储存和计算难以计数的自然材料——沙子、稻草、毛发、黏土、橄榄枝、银和金——以及使它们遭受大量变化的工具，通过这些，基弗的工厂环境自相矛盾地使他能够为人类努力的领域之外的自然指示出一个空间。以这样的方式，基弗与海德格尔形成了共鸣：海德格尔在"技术时代"对自然的关注——海德格尔的观念：自然与艺术的根本性关系，以及自然对避免频繁的技术性泄露的需要。

而对于基弗来说，工厂是作为反对工业化资本主义艺术实践的场所。生产的材料和工具不会被构想为持存物。基弗并不把自己看作从事于工业化生产，而把自己当作一个炼金师，就像约瑟夫•博伊斯一样，从事于转换变形的活动过程。基弗关注的是让自然材料表现出一种"自身的完整性和整体性……在人类努力的领域之外，基弗将自己描绘为'一个准宗教，准科学'的形象，努力释放其所从事的材料中的转换性潜质。"此时，他的工作就成为了创作。

　　基弗艺术实践的模糊性提醒我们，艺术是历史性的，我们存在于思维系统之中而不是在其之外。或许基弗把自己看成从事于转换变形的炼金师，相信他并非从事于工业化生产，但他的运作模式暗示了与技术性解蔽的合谋而不是对它的批判。他的生产机器越来越庞大，作品的价格也不断上涨。

　　海德格尔持这样的观点：现代性以一种技术性解蔽为特征。在技术性机器与持存物的崩溃中，人类与其工具的关系变成了某种掌控的关系。这是一种前景暗淡的当代世界图景，而不是海德格尔所认为的应当伴随我们的东西。要是人类与其技术性机器之间的关系是一种共鸣性的关系而不是掌控性的关系，又会如何呢？对于海德格尔来说，这种不同的"在世界中存在"将会预示现代性的终结。机器将不再为了人类使用的目的而被设想为手边之物。当技术依据技艺作为生产而被构想，海德格尔相信：另一种解蔽模式就会向我们呈现出来。

　　在我们的日常生活和思维中，海德格尔关于解蔽模式的探讨之进展，向我们提出了一个根本性的问题：创作艺术意味着什么。当我们的"在世界中存在"以座架的解蔽为特征时，其他的解蔽模式——例如，创作性解蔽——能够使脱离座架的框框成为可能吗？海德格尔保证，这是可能的。然而，技术性解蔽看起来已经契合了当代人类。失落的"此在"，是深深地陷入了日常活动的"开发，变形，储存，分配和转换"之中，以至于它遗忘了：除了座架的存在模式之外，对存在来说还有着其他任何可能。当世界的订造使人类能够聚集越来越多的东西，当价值的流通是金钱，创作性解蔽能为我们提供什么样的价值呢？什么能够说服人类去相信更充实的生产性解蔽呢？什么能够劝说人类将技术作为创作来估价，而不是将技术作为为了人类利益而达到目的的手段来追求呢？

通过艺术行当，艺术家也开始陷入了座架的解蔽模式之中。在介绍了海德格尔关于技术的追问，以及勾勒出其反思艺术问题的含义之过程中，本章的任务就是证明：现代时期的特定艺术模式，已经在订造座架的促逼显现过程中被层层叠压。这种解蔽模式有这样的倾向，即驱逐其他任何解蔽的可能性，包括创作性解蔽。然而，这种命运并非不可避免。在下一章里，我将展示：海德格尔对可处理性或装备性的详尽阐释以及他对亚里士多德"四因说"的改写，以及如何为反思"什么构成了艺术作品"铺平道路。

第五章

The Fifth Chapter

实践知识

第五章　实践知识

　　"实践"活动在茫然无视的意义上并非"非理论的"，它同理论活动的区别也不仅仅在于实践行动，或者行动不至耽于盲目而要运用理论知识。其实行动有它自己的视野，考察也同样原始地是一种操劳。理论活动并非寻视地单单观看，观看不是"寻视"着的，但并不因此就是无规则的，它在方法中为自己制订了规范。

　　上手的东西根本不是从理论上来把握的，即使对寻视来说，上手的东西首先也不是在寻视上形成专题。(《存在与时间》，1962)

背景

　　在纪录片《威廉姆·肯特里奇：绘制流逝者》中，有这样表达：

当过程处于最佳状态时……正是在行动中，即那种绘制片断的体力活动……新想法才自动涌出并融入电影之中……偶尔在过程中会有一个技术性突破，真正绘画的物理过程，不断地重复……乃是开启新思维道路的东西。例如在电影《矿山》中，索欧坐在床上，与他的咖啡壶活塞在一起……我知道，我必须找到一个方式，将他与地下世界的其他部分连接起来……绘制咖啡壶活塞，擦掉它，拍摄它，再绘制它——正是贯穿在这些活动的中途，我突然明白了：咖啡壶活塞可以穿过咖啡壶底，并且更进一步下落到矿井里。当然，我预先并不明白这些。当我开始一天工作的时候，我还没有意识到这些。当我拿起咖啡壶活塞开始绘制的时候，我还没有意识到这些……我身上有某些无意识的部分对自己说："拿起咖啡壶活塞。你可以从中领悟，有一些东西会出现。"[1]

在其工作思考过程中，肯特里奇得出了这样的观察评论：正是在绘画的过程中，新的思维方式得到了开启。肯特里奇并没有通过思考从理论上解决其问题。他是在绘画的过程中解决它的。他注意到："绘制咖啡壶活塞，擦掉它，拍摄它，再绘制它——正是贯穿在这些活动的中途，我突然明白了：咖啡壶活塞可以穿过咖啡壶底，并且更进一步

1.《威廉姆·肯特里奇：绘制流逝者》（1999）是一个由电影制作人莱因哈德·伍尔夫和历史学家玛丽亚·安娜·塔普尼尔制作的纪录片。——译者注

下落到矿井里。"实践性的行为产生了其自身的不同视角。

对于我们在世界中存在的"被抛"之强化来说，肯特里奇的绘画实践成为一种隐喻。在肯特里奇的艺术里，"新东西"并不会凭空冒出来，也不作为预设的想法而出现。新东西是存在并贯穿于绘画过程之中的，就像我们的"被抛"将我们展现在未来之中一样。

应对

对于海德格尔来说，正如我们在第　章里所见的，人类存在之剧本被定位于"在世界中存在"所产生的可能性周围。在他的现象学里，世界不是事物和空间的客观性世界，而是"此在"，"被抛"入的世界。我们可以回忆起，海德格尔用"此在"这个术语称呼"正于彼处存在"这一根本性事实，它以"被抛"入事物当中为其特征。他声称，仅仅"存在于事物当中"，我们便不能通过理论沉思来理解世界，也不能客观地获知它。相反，只有在"存在于事物当中"使用事物并应对事物，我们才开始理解我们的世界。于是，世界便通过"此在"与它的交涉或应对而发现。这便形成了海德格尔所称的"世界的世界性"。我们与世界的"交涉"或关系，为在世界中存在的根本实践性本质奠定了基础。正是通过处理或应对世上的实体，世界的本质才与存在发生关系。

我们每日的在世界中的存在，都与应对或处理世上之物有关，无论它是工具、情感、思想或其他存在。那么，是什么使艺术成为一种特殊的应对之案例呢？例如，我们知道，孩子学会骑车是通过骑它，而不是通过被告知如何骑车。我们在参加驾照考试前所要求读的道路法规手册，并不会使我们开车开得更好，只有当我们在实践中与交通法规交涉的时候，它们才具有实际意义。我们也懂得这是愚蠢的：在设法拼合一个平板包装，或学习一个新的软件包时，试着去遵从指导手册。事实证明，除了"实际去做"不断摸索之外别无他途。类似地，当我们看到苏菲·卡尔的时候，没有一个人，甚至我们的父母或我们的密友，能够告诉我们如何从一个关系中"分手"。我们只有通过实践才学会分手。

艺术——通过应对材料和思想来生产艺术作品或表演——与我们在世上的日常应对有什么区别吗？海德格尔指出：在我们与事物的日常应对中，我们趋向于出自习惯的行动，而忘记了关注事物在其自身中是什么。在我们的惯常活动里，一切都堕入隐晦之中，我们对事物的使用开始变为达到目的的手段。客体和实存物开始为了某种目的而存在。如此一来，我们会用汽车、公共交通或者飞机来从A点到达B点，却从不停下来对此感到惊奇：能够在旅行中跨越如此长的距离，并在如此短的时间内飞速前进，这究竟是怎么回事呢？我们会使用一个软件包来制作图像和视频，却从不去注意它的"奇妙"之处。当我们使用手机的时候，我们遗忘了（我们是否曾意识到）第一次电话传输的神奇。我们只是趋向于使用工具。在使用中，工具或设备部件迷失了，或者变得不可见。对于海德格尔来说，艺术的特权空间产生于其创造某种敞开空间的能力，在此空间内，我们再一次注意到实存物就其自身而言是什么。他认为：我们不得不再度思考发生于制造生命的过程或组织中的关系问题。我们在实践中对实存物的处理和应对，提供了一个视角（洞察）的特殊形式。我们可以从前几章回忆出，这是一种"创作"而不是一种座架性解蔽。

本章以海德格尔的"工具分析"为出发点，介绍《存在与时间》中的"世界的世界性"部分，以便证明实践性行为如何形成了我们对世界的理解。此时，我们会回忆起第一章的内容：我们的理解是从"在世界中存在"的具体经验中产生的，而不是产生于"在世界中存在"的沉思性知识。海德格尔对可处理性或装备性的解释与数学性知识形成了对照：后者着手于发现抽象原理，这些原理随后应用于现实世界。他相信：正是通过使用或应对非抽象的理论，我们才开始理解世界——这为我们提供了方法来反思我们认作"艺术实践"的关系。

在实践中，用"眼睛和手"来理解的模式以不同的记录在运行着。它和有关客体的那种以人为主体的表象性范式不同。这种客体自笛卡尔之后形成了我们对知识的理解。应对是一种操心和重要交往之关系，而不是世界作为知识的客体被摆置在我们（知悉的人类主体）面前的关系。肯特里奇在与卡洛琳·克里斯托夫·巴卡捷夫的对话中，揭示了这种思想的动因。卡洛琳·克里斯托夫·巴卡捷夫评论道："你常说你所做的一切都是绘画，你将绘画视为知识的模式"。在对她的回复中，肯特里奇评论说：

说某物是一幅绘画究竟何指……绘画对我来说与流动性有关。你对将要画什么，或许有一个模糊的感觉，不过，事物或许会在改变的过程中发生，对你所知的东西加以巩固或提出疑问。所以，绘画是一种思想的检验；一种缓慢的思想运动之描述。建构一幅绘画的那种不确定和不清晰的方式，有时候乃是一种如何建构意义的模式。以清晰为结果的东西不会以那种方式开始。

在这种应对的关系中，艺术作品是一种特定的理解，这种理解是通过我们与工具和生产材料的重要交往而实现的。运用双手和双眼，涉及炭笔和纸的工作产生了一种真实性，一种"出声的思考"，它使肯特里奇能够解决这样的视觉问题：即如何将索欧坐在床上煮早餐咖啡与矿山的地下世界连接起来。这种通过实践的思维方式已被创意艺术认作"物质思维"[1]。

工具分析

物质思维的基础或许可以在海德格尔的"工具分析"里找到。在"工具分析"中，海德格尔审查了产生于我们

1.物质思维提供了一种方式，让我们去思考发生于制造的那个过程或组织之中的关系问题。在这种思维构想中，材料不仅仅是被艺术家工具性地使用的被动客体，而是生产的材料和过程，有其自身的灵气，它与艺术家的灵气在互动中形成游戏。——译者注

在应对材料和工序之中的知识的特定形式。关于世界如何通过使用一件设备"已经被发现",他的解释模式定位于一系列实践性的术语上。对于海德格尔来说,我们与世界最初的交流是那些我们所使用的东西。他说:

> 最切近的交流方式……并非一味地进行知觉的认识,而是操作着的、使用着的认识……这种存在者不是对"世界"理论认识的对象;它是被使用的东西、被制造的东西等。

在这里值得注意的是,当我们制造事物或生产物品的时候,我们不仅是"使用"它们,我们还处在一种关心的关系之中。工具不仅仅是被我们所用之物。

对于唐•伊德来说,海德格尔的工具分析是一个载体。通过它,海德格尔着手研究"从现象学层面揭示世界的世界性"是如何成为可能的。通过这个分析,我们根据人与工具的合奏得到了大致的理解。正是通过我们与物体的交往,世界才得以被发现。我们无法从一开始便通过沉思性的知识理论性地"知晓"某个实存物。正如我们已经看到的,只有在我们通过应对,有了理解它的趋势之后,我们才能理论性地知晓这一实存物。

在其对理论性知识和使用之间的区分中,海德格尔界定了两种不同的方式:即我们与工具邂逅方式。当我们操作或应对工具时,它们的存在依据"上手状态"（zuhandenheit）被发现。这种作为"上手状态"的存在,与我们那种单纯的观看（例如工具处于五金店或艺术供应商的包装盒里）形成了对比。此时它们只是一种单纯的在场。伊曼努尔·列维纳斯指出："这就是因为应对不跟随某个表象，应对性不仅仅是'在场'"。在应对之中，工具并非作为一个客体摆置在我们面前。然而，于"在场"之中，实存物是作为"就在那里"、作为"现有状态"（vorhandenheit）而出现的。

作为"上手状态"，一个工具的存在源自其"为了"做某事的可用性和可操作性。"上手状态"的存在是从其作为他物的"某物"的特性中得到的。在此观念下，设备在其"上手状态"中为了做某事而显现其自身。我用一把剪刀来剪切材料或者用手术刀来切割纸片。定位销用于连接两个表面。换句话说，生产有"某物向某物"的分派结构。根据这样的描述，"上手状态"属于生产力的领域，而不是沉思的领域。

在其工具分析中，海德格尔引用了使用锤子的例子，来确证"通过应对得到的知识"（亦即"实践性知识"）与"理论性知识"（亦即"沉思性知识"）之间的区分：

> 对锤子这物越少瞠目凝视，用它用得越起劲，对它的关系也就变得越原始，它也就越发昭然若揭地作为它所是的东西来照面，作为用具来照面。锤本身揭示了锤子特有的"称手"……仅仅对物的具有这种那种属性的"外观"做一番观察，无论这种观察多么敏锐，都不能揭示"上手的东西"。只对物体做"理论上的"观察的那种眼光缺乏对上手状态的领会。而使

其不是盲目的，它有自己的视之方式，这种视之方式引导着操作，并使操作具有自己特定的物质属性……这样一种顺应于事的视对于物而言乃是"寻视"。(《存在与时间》，1962)

从这段引文中可以窥知四个重要方面。第一，海德格尔区分了"观察某物"和"使用某物"之间的区别。第二，海德格尔声称：在使用锤子的过程中，我们与它的关系变得更原始。第三，他认为理论性的观察不能对我们理解物体的上手状态有所帮助。我们只有在实践性地与之打交道中，才能理解上手的东西或物体何为。第四，他坚持认为：我们对物体的使用或与物体实践性的交往不是盲目的，而是有其自身的观点。这样，海德格尔指出：当我们只是注视外观，某物只能作为现成事物而现于我们面前。对于他来说，与锤子的纯粹的理论性接触不能使我们理解其作为锤子的存在，而只能是其有用性。只有通过应对或使用锤子，我们才能理解锤子的本质。

故而，只有通过与实践性的材料和工具打交道，我们才能理解这些材料、这件工具或那件设备能做什么。因此，我们可以反复地阅读软件手册，但直到我们与特定的软件程序打交道时，我们才能开始理解它的可处理性。我们与它这一有用的东西相遇，在实践中操作它的时候，发现它的特定属性。在被称为"实践"的过程中，这种实践和理论的反转，成为我创意地反思理论和实践之关系的核心。

实践知识通过行动而获知——使一个艺术家获得了实际的意义。[1]

肯特里奇的艺术实践体现了实践性知识的运作。在他的艺校教育中，肯特里奇接受了这样的训练：将素描视为绘画主要活动的预备性活动——将其视为为了最终结果（即画作）而勾勒思想，解决视觉问题并预演构图的一种方式。然而，在素描活动过程中，他意识到素描是艺术作品，而不是一种工作的预备阶段。

素描使他能够理解一只炭笔、一片软布或一块橡皮的上手状态。通过这种"可理解性的背景"，他的时间走入了新的领域。在素描和擦拭的过程中，肯特里奇意识到橡皮留下了一幅图像的痕迹或回忆。肯特里奇认识到：这种"失败的擦拭"为绘画提供了可能性，而不是毁掉了绘画。通过对图像的回忆，它追踪了实践和工序的行程，它唤起了时间和运动。与把素描扔进垃圾桶（我发现许多画家都是如此）不同的是，肯特里奇将此发现作为其工序的一部分而将其具体化。对于肯特里奇来说，应对或与炭笔、画布和橡皮打交道，开启了一种新的思维模式。用海德格尔的术语来说，他获得了一种与炭笔、橡皮和纸的原始关系。

通过这种应对，肯特里奇获得的理解既非纯粹感性，也非纯粹理性。他与工具或素描的应对揭示了其知识或"观察"的自身形式。通过这种观察的形式，我们开始了解如何画画、舞蹈或写作。海德格尔称之为"寻视"（umsicht）。现在我们可以总结"世界的世界性"之实践维

1.作为一种教学法，经验性的学习是被实践性的知识所加强的。——译者注

度。"此在"并非通过沉思性的知识来从理论上理解世界。只有通过使用，我们才能接近世界，并建立与事物的原始性关系。对于海德格尔来说，正是通过"寻视"，"新"的东西才得以出现。

从事手工制作的艺术家有一种倾向：他们能敏锐地意识到参与实践性认知的重大益处。在一个回顾性的出版物《光之线》中，澳大利亚玻璃艺术家斯蒂芬·普洛克特反思了与玻璃打交道必须具有的态度：

> 使用自觉意识的技巧。只有在你用手工作时，你才能够领悟。尽管可能非常难懂，但只有在那时它才是理论性的。因为当工作开始并不断进展时，它揭示了不在构想之先的某些东西。这是一个发现，一个生命和一种自身的感性，它们通过工作被创造出来……一件作品是时间和思想的化身……当你在工作中使用切割轮时，你必须用你的整个存在来工作，边听边看，边感觉边估量。为了让你的"眼睛"能够适应，你要训练它，因为它是给作品带来生命的"内幕"。

他的观察和沉思体现了海德格尔"寻视"之观念中所运行的感性。普洛克特通过观察如何与玻璃（以及其他材料）打交道来继续他的沉思，这就要求我们"专注和敏感于材料"，因为"每一次对轮子的触摸都有不同的影响"。

这些观察，以及海德格尔的"寻视"之观念，对于我们理解"新东西"究竟有何意义？根据先锋派的理论，"新东西的震撼"被描述为离经叛道，企图打破既有规则并迎接新的东西。尽管存在着对先锋派和创意派的后现代批评，这种驱动先锋派艺术实践对新事物的不懈追求，在当代艺术实践中不断继续着。

然而，正如我们已经看到的，海德格尔说：人类对无蔽并没有任何控制力。海德格尔告诉我们：（对于新事物的）无蔽永远不是人类的手工产品，"思想家只不过是响应了那个向他说出自己的东西而已。"（《技术的追问》，1954）因此，新的事物是不能通过定义而被预想出来的，在貌似无限可能性的表面下，实践无法获知或预想其产出。于是，海德格尔认为，作为一种向我们呈现其自身的震撼之物，新事物在过程中出现。

正如我们已经在第三章里所看到的，表象性思维的危险在于：当我们在眼前握住一个我们认为正在制作的"想法"时，我们或许不能敞开于此作品想要向我们说出的东西。我们或许会非常忙于看着"其他地方"（即我们预想之处），于是我们便将其全都错过了。这种预想隔绝了可能性，而不是使我们敞开于通过艺术作品可以被发现的东西。如此一来，无论我们如何努力地思考和创作新东西，我们这些有意识的努力都将失败。

此时，我们便可以回到海德格尔的断言：正是通过寻视，新的东西才会出现。我的理解是，"新东西的震撼"是一种特定的理解，它是通过我们与生产工具和材料的应对而实现的，而不是通过违规中的自我意识之企图而实现的。在艺术"作品"中，我们并未有意识地寻找新东西，而是敞开于与实践性的材料和过程之互动中出现的东西。如此一来，只有在使用中，我们才能接近世界，并建立与事物的原始性关系。伊曼努尔·列维纳斯注意到：通过这些与材料的应对，"我们以一种原始的和原始性的方式接近了世界。"面对着被抛之物，我们在其十足的可能性中捕捉了可能性。这种被抛至某人自身的可能性之方式，就是海德格尔所坚持认为的理解的关键时刻。

我们可以回忆起，当海德格尔论及"理解"时，他并非在指一种强加于存在之上的作为认知能力的理解。"理解"是一种来自应对的关心，是被抛入世界并与事物相应对的关心。列维纳斯指出：海德格尔之存在概念的独到之处在于，它假定了一种并非围绕于自我意识主体的关系。他说："与传统'自我意识'形成对照的是，这种自我知识，这种内在阐释，这种理解……拒绝主体与客体结构。"这种关心的关系不是认知主体和被认知客体的关系。我们之所以关心，是因为我们在事物中有一种投入。

伴随此逻辑而来，"艺术"可以被看作在与实践的材料、方法、工具和想法打交道的过程中出现的。它不仅是一个业已形成的想法的表象。在这样的表现方式中，与工具、材料和想法的实践性接触，优先于任何理论性-认知性的接触。在这样的环境中，与工具或科技的接触产生了其自身的观看方式。如同肯特里奇通过使用炭笔和橡皮而发现了它们的潜质一样，直到我调和色彩并下笔着色时，我才理解绘画能做什么。类似地，我认为我有一个好点子，但直到我以这个点子来开始工作并"应对"它时，我才明白它将带我去哪里。

在最初的印象中，海德格尔或许看起来要坚持一个反理论性的立场。理解来自实践性的应对而非理论性的沉思。这样的态度会适合我们中的一些人，他们与艺术理论相斗争。既然只有通过应对我们才开始理解材料、工具和设备的存在，那么我们为何非得从事于理论呢？然而，海德格尔关于这个问题提出了两点。首先，他明确地声明实践性的行为并非与理论无关的，因为他指出：应对并非盲目的，而是产生了其自身的观看形式。其次，他注意到，尽管理论性行为和实践性行为不同（因为我们观察于前者而行动于后者），但寻视要求我们应用理论性的理解，以便我们不要继续盲目，并且理论性的接触或观察也涉及一种关心的特定形式。

把我们的兴趣重新放在作为关心的应对之中，我们便可以再次提出艺术实践的问题了。以这样的方式来看，普洛克特艺术实践中的切割轮和玻璃，以及肯特里奇的炭笔与橡皮不仅仅是"被使用"，这种"素材"不是目前在手的，艺术作品也不是单纯的目的。作为关心的应对产生了一个理解的关键时刻，而这种理解在其十足的可能性中是一种对可能性的揭示。这就是艺术作品，而非完成了的艺术品。

寻视

就寻视而言，海德格尔对术语"观看"和"盲目"的使用不能从字面上来理解。在这里，"观看"并非有关于视觉仪器，而是获知的一种形式。相反，"盲目"，是遗忘的一种形式。寻视涉及一种特殊的四下观望之形式，它基于一种可理解性的已有背景。我们的可理解性的背景来自我们的"在世界中存在"，它理解着事物能做什么，并对事物之间所存在的复杂关系之网有所感觉。海德格尔把这种与上手状态的关系称为"前结构"。它具有实践性的意义。假如我们步入普洛克特的玻璃铸造厂，肯特里奇的工作室或比尔·汉森的摄影工作室，我们将会理解：作为一个玻璃艺术家、一个电影制作人或一个摄影师，其工作所需要的各种关系和联系。例如，为了当好一个称职的摄影师，一个艺术家需要懂得不同类型的相机能做什么，不同胶片的特性，如何装载一个相机，并如何根据自然光线来调节相机的光圈和快门速度，以及懂得的素材和相机中胶片的类型。这一切之外，我们还需要拍下照片，更不用说还得处理胶卷并印制出相片。

我们的前结构使我们能解释和回应事物产生的可能性。海德格尔描绘了前结构的三个方面："前有""前见""前概念"。"前有"是对某种实存物的理解，以及该物存在的背景。例如，如果我们在数码领域工作，对数码环境的背景之理解，将会帮助我们应对我们遇到的新的软件包。"前见"提供了焦点或镜头，通过它，实存物得以被阐释。我对不同色彩种类的品质之理解，以及对它们能做什么的理解，使我能够对无论何种内容的绘画加以阐释。最后，"前概念"是对某物的先验知识，一个人在上手状态为了理解某物而需要它。例如，如果没有对画布支架能做什么的先验知识，就会出现无法理解的情况，于是也就会出现无法使用的情况。

海德格尔运用术语"对某物的适应"来提醒我们注意那种涉及与新工具、过程和材料打交道的交换和适应。尽管我们可以从理论上得知某物的实践性知识，但只有通过我们实际地、实质性地与物打交道，我们才能懂得某物真正能做什么。正是这种实践的知识，使我们的工作过程适应于对工具和材料之存在的考虑。一个例子能够说明有关寻视的适应。一个不熟练的制陶工在陶轮上塑东西会很费劲。在这个人的手上，当不规则的黏土旋转之时，它会无法控制地摇晃和碰撞。而与之相反，一个熟练的制陶工能够平衡黏土之力量和能量——与纺车的离心力和向心力有关的黏土之可塑性和黏稠度——的复杂相互作用。在制作陶罐的每一个瞬间，这个制陶工都会调节黏土的可塑性、干湿度或颗粒感，同时，还应对着陶轮的力度。这个制陶工对黏土的调节通过以下方式：减缓和增加触摸的压力，增加或抹去泥浆，增加或降低轮子旋转的速度直到黏土变得规则，并能够被打开、拉长和升高。

　　一开始，我们可以把对黏土的中心调整看成一个掌握的行为。在此行为中，制陶工为了制造一个陶罐或碗，而将黏土带入掌控之中。然而，从寻视的角度看，我们便开始理解：制作一个碗与掌控黏土无关，而是一种适应：允许黏土以其自身的方式出现。日本茶碗尤其能说明这种对制成茶碗的材料之适应。它们由泥土生成，并投合于此历史过程。制陶工受惠于此历史过程，并希望适应这种有力而粗糙的颗粒状结构和具有手感的表面，以便它在成品罐中出现。齐格弗里德·维奇曼指出日本制陶工的基本原则，造成了以下情形：

客体之中的专注与默默地吸收，侘寂；典雅表示着规则，连贯性，低调，原料的质量，简朴的本质。陶罐决不能表现意图；它必须恢复其根本性价值……因此，不对称不是盛气凌人的，也不是傲慢无理的；它是隐晦不显的，却完全成为其自身。

因此，在海德格尔的哲学性思维中获悉东方哲学尤其是日本哲学，或许并不奇怪。此刻，海德格尔关于寻视的观念使我们能够理解：我们与材料的关系，不是掌握的关系，而是有关于对工具和材料的敏感度和关心，以便于它们能以其自身的方式运转与出现。

包含在海德格尔寻视观念中的那种对关心和重要交往的关注，使我们想起：当我们的工具和设备在工作秩序中，我们是如何对它们采用想当然态度的。我们很少停下来思考它们就其自身而言是什么，而是变得专注于它们能为我们做什么。当我们初次学习一种新的工序或技艺，或者与一种新的工具打交道时，我们可以马上意识到我们所采取的适应手段。然而，一旦我们的上手之物——工具，成为第二自然或习惯性的东西，我们会遗忘在其使用价值之外去思考它们。工具或工序变得不惹人注意。

海德格尔对上手之物的详尽阐述并非意欲将机器设备降低至其可用性。相反，他感兴趣的是：机器设备的存在形式，在一物对另一物的分派中是如何揭示其自身的。他关注的是在使用中什么得以被发现，即何物展现了其自身。我们可以在锤子的锤击中发现例证。

在寻视中，呈现其自身的特定品质就是：当我们在使用一个工具时，我们便不再意识到它作为一个工具的品质。我们是如此专注于工作过程，以至于我们不再能从理论上"获知"这个工具。仅仅作为目前在手的工具，它淡出了视线。颇为乖张的是，只有当一个工具坏了，或没用了的时候，我们才又一次开始意识到它。海德格尔认为，在其非上手状态，它才作为一个纯粹的"物"摆在那儿。它是"仅为目前在手之物而不再是上手之物"。在其仅仅作为目前在手之物的非上手状态，海德格尔声称，我们是无可奈何的。在这种无奈的样式中，我们呈现了操劳的残缺样式。（《存在与时间》，1962）

从这个讨论中，两个突出的特点浮现了出来。首先，我们遗忘了工具和设备是什么。其次，只是在工具退出使用时，我们才意识到上手之物的存在状态——那才是工具真实的所在，也才是工具真实的行动。伊德告诉我们，当"此在"关注于制造某物的工作时，它是认真集中在工作上，以至于它"通过工具-设备指向那个产品或结果出现于其中的世界。"在这个过程中，他观察认为，上手之物可以被轻易地忽略。事实上，海德格尔认为，上手之物被遮蔽了，它被移植到了我们之中。

我坐在椅子上打字输入。我只想着我的最后期限到了，我要完成这本书，以至于我忘记了椅子给我的惠爱：如果它不容纳我，我就只能坐在地板上了。只有在我把眼镜弄丢了，什么也看不到的时候，我才会想起：没有眼镜，我就不能阅读海德格尔的文本。我们很容易忽视这一事实：没有写字桌和电脑，我简直不能创作这本书。在使用时，上手之物变得显而易见，我忘了我不是对此书负责的唯一的存在。

我将在下列几章中回到归因问题，但是现在我要疯狂地创作这本书。当我停下来时，我需要不情愿地接收和发送电子邮件。然而，某物一出现故障——椅子坏了，停电了，或电子邮件停用了——我与所有这些实存物的关系就从根本上改变。对于海德格尔来说，机器设备只是成为一个在手之物，在其作为非上手状态的表现中，我变得手足无措。

艺术与非上手之物

海德格尔提醒我们，只有在工具或设备坏了，或者某物找不到了的时候，它作为机器设备的存在才会引起人们的注意。他坚持认为，通过这种非上手之物，我们才开始意识到一件机器设备的"存在"。为了提出这一观点，他区分了三种情况，在这些案例中，实存物作为非上手之物而出现。首先，当工具受到损坏或材料不能用的时候，在手的是无预备状态。当我们试图使用它而它无法工作时，我们发现了它的不可用性。在其非上手状态中，它的无用性变得显而易见，例如，当我在铺设一块油画布时，订书机坏了，或者一管颜料因为我好久不用而干了。第二种情况，在某物找不到的时候便自发显现出来，即不在手的情形。我们需要某物越是急迫，非上手之物就变得越突兀。

我们在这种缺席面前变得手足无措。例如，当我要去用订书机而发现它没有书钉了，而商店又关门了，我便能真切地意识到这种非上手状态。第三种情况是：当某物妨碍了我们的关注之时。他说：

> 任何非上手之物搅人安宁，它让我们看见了在其他事情之前先得操劳处理之事的腻味之处……摆在眼前引起我们注意的东西作为上手之物的在手状态被我们所体验。(《存在与时间》, 1962)

此时，我可以说，及时完成创作这本书的任务妨碍了我的绘画，或者只有我已经摊开了油画布之后我才能开始画画。其他人或许会说，家务劳动或者管理实务妨碍了他们的事情。无论是什么，它始终是顽固的并且拒绝让步，直到我们开始与之打交道。

在非上手之物面前，我们只有无可奈何。因此，一个数码艺术家在停电事件中便变得无助。在停电中，电脑变得只是一个在手之物。然而，这是我们面对非上手之物的通常经历吗？一开始，我是倾向于肯定的。当扫描仪不工作时，我把它打包拿去给机械师，他告诉我：把它扔了，因为买一个新的很便宜。类似地，当我得知打印机没有墨了，我会沮丧地胡乱挥手，尽管我只希望用黑色墨水打印，但打印机不可能做任何事直到我装一个新的墨盒。不过这并非总是如此。

在日常生活中，非在手状态成为我们实现目标的障碍。不过，对于某些艺术家来说，非在手状态变成了一种被获取的可能性。当代"艺术家"趋向于利用非在手之物所产生的可能性。阿尔曼烧焦的小提琴，凯撒被撞扁的汽车残骸，莫里斯·拉威尔的音乐作品和尚·丁格利的组合艺术都证明了：艺术在事物非正常工作之时繁荣生长。在这些例子中，非上手之物产生了可能性，而不是产生无奈和无助。例如，在其作品《向纽约致敬：一个自我建构，自我解构的艺术作品》中，尚·丁格利使用了非上手之物创作了一个组合艺术，其目的是"提取出我们喜悦的、工业化困惑中的狂热。"不只是因为这件作品没有做机器通常要做的事，而且它创造了一种"发生"并且在过程中毁灭了自己。

在艺术家用非上手之物工作之时，他们也帮助我们考问这种工具主义者的方式，而我们就是在此方式中观察世界的。我们可以回忆起，当我们着手日常生活时，我们变得深深陷入人类的实体领域，以至于不再意识到事物的"存在"即工具的、社会的或自身的存在。事物的"存在"都淡出或消退了。在利用非上手之物的过程中，当代艺术家再一次把这些东西带到前台来：习惯性的实践思维和方式，以当代技术官僚社会为特征。艺术家所使用的非上手之物而不是使用达到目的的上手之物凸显出来，与它通常所存在于其中的系统相对立。我们又一次看见了事物，好像第一次看见它们。

海德格尔关于实践性知识的概念化，为重新塑造艺术实践提供了一条激进的道路。他所呼吁的与技术的新关系和他对上手之物与非上手之物的分析，提供了一个关于技术的转换性视角，取代了工具主义者那种支配技术官僚型社会的技术观念。这促使我们将实践中与材料和工具的关系反思为一种重要的交往，而不是掌控支配。我们在与材料打交道时发展了技艺，而不是要掌控支配它们。更进一步的是，他向我们展现：通过我们与工具、材料和想法的重要交往，从来没有构想过的东西是如何被揭示出来的。在此过程中，我们对世界的理论性理解便从实践中产生出来了。在这本书的最后一章，我将提出创意艺术研究（或实践引领研究）的问题。

第六章

The Sixth Chapter

后人类世界的艺术家?

第六章　后人类世界的艺术家？

　　银是人们用以制作银盘的东西。它作为这种质料一道招致银盘。银盘归功于银，银是银盘由之形成的东西。但这个祭器还不光是由银所招致的。作为盘，由银所招致的东西显现在盘的外观中，而不是在别针或戒指的外观中。所以，祭器同时也是由盘的外观或理念所招致的。作为盘的外观进入其中的银和这种银质的东西于其中显现出来的外观，这两者以各自的方式共同招致了这个祭器。……但招致这个祭器的主要还是第三个东西。这第三个东西首先把盘限定在祭祀和捐献的领域内。因此，它便被界定为一个祭器。这个界定者终结这个物。……最后，共同招致这个现有备用的完成了的祭器的第四个东西，乃是银匠。（《技术的追问》，1954）

背景

到目前为止，我们还没有提及海德格尔关于艺术家角色和功能的思考。在《艺术作品的本源》中，他关于艺术家的讨论应当被视为处于美学或现代艺术观念的广阔背景中。根据这样一种构想，艺术家是艺术创作中的首要角色。美学原理告诉我们，艺术品归因并发源于作为天才的艺术家的活动之中。

如同跟随在他之后的后现代批评一样，海德格尔对此持否定观点。他不相信创造是天才艺术家的表现，坚持认为当代的主观主义已经误解了创造，"将其作为天才的最高主体表演"（《艺术作品的本源》，1935）。后现代声称艺术是一种文化性结构，艺术是通过关于艺术的讨论产生的。然而与之相异的是，海德格尔的态度更加高深莫测，令人难以掌握。首先，尽管他非常清楚艺术是历史性的，但他也坚决地认为艺术才是艺术作品和艺术家两者共同的本源，而反之则不成立。其次，他坚持认为创造涉及让某物被揭示或被带入显现之中。

从第四章我们关于"生产"的讨论中，我们可以回忆起海德格尔区分了两种形式的创造。他区分了"生长"：从自身之中迸发而出，它发生于自然界；以及另一种出现在艺术作品和工艺品中的"带出"。一朵花会迸发绽放，而艺术家却能够成就另一种迸发绽放。此另一种"带出"应当如何解读？乍一看，制陶工、雕塑家、印图者和画家似乎从事于相似的活动。他们取来原料并将其制成一件艺术品——这对于所有艺术形式都是适用的，无论是电影、杂志、表演、图画或一件观念艺术品。根据这种想法，即海德格尔所说的形式与质料的结构，艺术家和工匠使用质料来创作某种形式，一件艺术品通过艺术家的生成性行为得以形成。艺术家作为创造者的身份在此行为中被确证。然而，海德格尔认为，这并非被创造之物的"带出"。

在《艺术作品的本源》中，海德格尔解释道：尽管形式与质料的结构看起来令人信服，也充满诱惑，但它并未进入质料的内心；它扰乱了我们去思考艺术就其本质来说是什么，因此也混淆了创作者和被创作者的角色。为了解释他所说的"创作"和"被创作者"是什么意思，海德格尔带我们回到早期希腊的"技艺"概念。我们可以回忆起，希腊人用"技艺"一词来描绘工艺或艺术的活动，并且将工匠和艺术家都称为"艺人"。然而，对他们来说，"技艺"从未意味着制造的行为，而艺术的本质并不与艺术家的技能或手艺产生联系。[1]"技艺"是一种认知模式，它能使某物在无蔽中显现出来。

1."手艺"和"技艺"之间的区别通常被用于创建一种艺术家优于工匠的等级制度。海德格尔讨论的发展对于消除这一点毫无作用。他希望将艺术家的行为同手艺区分开来，即使艺术家同时也是一个工匠。"在作品创作中与工艺看起来类似的东西是另一种不同的东西。"（《艺术作品的本源》，1935）——译者注

作为通道的艺术家

"技艺"的概念对于思考艺术家的角色具有重要的意义。如果创作行为指的是让某物作为一件事物出现而不是制造一件事物，那么艺术家在被创造者中所扮演的角色是什么呢？这一点海德格尔是非常清楚的。海德格尔告诉我们，"艺术家与作品相比才是某种无关紧要的东西，他们就像一条为了作品的产生而在创作中自我消亡的通道。"（《艺术作品的本源》，1935）海德格尔说这话是什么意思呢？成为在创作中自我消亡的通道是一种什么样的体验呢？

"艺术家与作品相比是某种无关紧要的东西"——海德格尔的这一论断我们无法立即理解。知名艺术家同影星、摇滚歌星、体育明星和其他名人一起为了杂志和其他大众媒体事件而被拍照，在这样的世界里艺术家看来似乎保持着中心地位。自从乔治奥·瓦萨里在16世纪中期写了《名人传》，"艺术家"同作品相比便被认为是至关重要的。艺术史围绕着艺术家而展开，艺术市场"价值"的建立与艺术家的大名有关。拍卖行在出售着毕加索、康定斯基、马蒂斯、波洛克、艾敏和赫斯特们的画作。对艺术家的地位和主体性的相信，在我们当今时代看起来是深深地巩固确立，以至于我们甚至从未怀疑过它。

尽管在现代主义中将现代主义艺术家视为天才的观点反映了一种对创作的误读，即将其视为天才的最高主体表演。但在当代艺术世界里，艺术家们实现了另一种不同的地位。"伟大的艺术家"是那些被捧至名人地位的人。除了签上他们名字的艺术作品之外，他们的主体地位还可以为其他物品和服务增值。如此一来，我们便看到了翠西·艾敏出售孟买蓝宝石金酒，瓦妮莎·比克罗夫特为古奇代言，奥拉维尔·埃利亚松在促销路易·威登产品。或许这些都是艺术性的，但无论如何都可以说，这等同于一种座架性解蔽。此刻，艺术家在艺术行业领域中成为了中心人物。正如我们在第四章里所看到的，作为一种命中注定的解蔽，座架的诱惑性力量威胁要取消其他一切解蔽之模式。我们注定要在一个座架的解蔽模式中评估艺术和艺术家吗？或许这种对艺术自身的盲目正是海德格尔的理论要点，因为他说过：为了接近艺术，"有必要使作品从它与自身以外的东西的所有关联中解脱出来，从而让作品仅仅依据于自身。"（《艺术作品的本源》，1935）

艺术行业的运作方式或许可以对保持艺术家的盛名不衰起作用。然而，海德格尔坚决地认为，艺术，而非艺术家，才是艺术作品的本源。他还告诉我们，艺术也是艺术家的本源。此时，海德格尔把我们对艺术家与创作和艺术品之间的关系的日常理解完全颠覆了。尽管海德格尔将艺术家比作通道，但他并没有说艺术家消亡了她/他自身，这是很明显的。艺术家的数量已经有了倍级的增加，艺术家们花费毕生精力致力于这种被称为艺术的东西。那么，海德格尔的观点是什么？在被创作者之中，艺术家有责任为艺术创造可能性，为艺术向着彼岸的旅途起航。一旦艺术开始起航，艺术家同作品相比，便开始变得无关紧要。

从我们自身的体会中我们可以知道，一旦一件艺术作品被送入世界之中——送至一个展览或一个艺术比赛——艺术家就无法预料将会发生什么，作品会如何被接受或

"阅读"。罗兰·巴特的开创性文章《作者之死》（1977）和米歇尔·福柯的文章《作者是什么》（1986），早已确认了这样的观念：独创性、真实性和意向性在后现代世界中都是过时的概念。尽管巴特和福柯具体说的是作者和写作，但他们的教训对于我们如何思考艺术家和艺术作品之间的关系来说非常重要。将鉴赏者作为赋予作品以意义的人而加以关注的接受理论看来是讲得通的。鉴赏者将他们自身的价值观和态度带入了对作品的观赏之中，这样一来，一旦艺术品在艺术世界流传开来，艺术家的意图和行为就变得意义很小了。这已经成为视觉文化的重要经验教训。然而，这并非海德格尔的观点。同作品相比，作为通道的艺术家或许是不重要的，但对于鉴赏者来说也同样如此。鉴赏者是艺术作品的保存者。作为保存者，他们也得抛弃他们的先入之见，以便允许产生一种完全的敞开性，能够使艺术作品的"真理"揭示其自身。

在《艺术作品的本源》中，海德格尔进行了创作者和保存者之间的区分。解读艺术家和鉴赏者很容易，但是我不认为这是海德格尔的目的所在。为何存在要被区分为"艺术家"和"鉴赏者"，这是没有任何理由的。我们已经能开始理解，如同艺术家是保存者一样，鉴赏者也是创作者。从这个观点看，艺术家、鉴赏者、艺术画廊、策展人、画廊老板、拍卖行、收藏者、艺术史家、艺术书籍和艺术批评在其自身的方式中都是保存者。

尽管"保存"看起来与亚瑟·丹托的艺术世界的演员表有关，但我们已经发现，海德格尔并不根据惯例性的艺术世界来定义艺术。很显然，制作艺术、展示艺术、买卖艺术或在画廊里组织展览都是在保存艺术。当他讨论关于审美参与时，他的保留意见变得非常明显，认为"当作品被用来提供纯粹的艺术愉悦时，这并不证明它们能作为作品来代替保存。"（《艺术作品的本源》，1935）我们已经看到，艺术世界——其复杂的网络涉及艺术家、画廊展览、促销作品，以及围绕此世界发出讨论的艺术理论家、艺术史家和评论家——在艺术行业的领域里运作。作为艺术行业，它在保存方面的角色是最可疑的。海德格尔坚信，对于创作和保存两者来说，必要的是一种敞开的"意愿"。在敞开中，创作者和保存者不把先入之见或意图带入与艺术的邂逅之中。保存是一种无蔽的过程，它让艺术以其自身的方式呈现。

对于海德格尔来说，作品的保存者，那些来体验和理解揭示性作品的人，属于被创作者，也同样是创作者。在被创作者之中，作品断言其所是。海德格尔坚持认为，被创作者能把我们送出普通的领域，而带入一个敞开的区域。尽管这听起来非常具有解放性，但它也给我们这些"纯粹的"凡人带来了一些难处。要送出普通的领域，我们必须暂时中断我们看待和思考这个世界的通常方式。在我们看来，这是一种相当困难的做法。因为我们在艺术行业里行走，让我们自己作为艺术家而出名——申请基金，创制作品，向艺术画廊和艺术世界展览和促销我们自己是很难的。当我们展览时，我们在艺术家宣言里安插我们的意图。在项目投标的基金申请表里，我们预先安排我们的计划。我们着手安排我们的目标或意图，并详细描述这个计划。这样一来，我们是在具体地思考，而不是让作品以其自身的方式现身。此刻，海德格尔把我们拉回来，并警告我们：我们是处在艺术行业的领域而非艺术领域。

创造所涉及的是让某物作为事物而出现，而不是制造某一事物。这就要求艺术家敞开艺术的召唤。但我们如何能实现这一点？我们关于艺术是什么的先入之见一定能促成每一次艺术体验吗？然而，海德格尔警告说，如果我们接近了被我们的意图和先入之见所蒙蔽的作品，或配备了现有的阐释模式，我们将不能超越实体领域而进入存在的敞开之中。当一切所是成为持存物，并作为达到目的的工具置于人的处理之下，人类便很难让它成为"存在"。

这种"存在"的敞开（或对存在的敞开）是什么样子的呢？海德格尔认为早期希腊社会提供了一种此类敞开的模式。正如我们在第三章中所见，对于希腊人来说，现实隐约出现在人的面前，并在它那在场的力量中与人邂逅。为了实现作为"存在"的本质，希腊人在"现实所有分裂性的混乱中"，（《世界图像的时代》，1950）必须保持敞开或暴露于现实。尽管我们绝不应该混淆"希腊人"和"艺术家"，但我猜测任务是类似的。二者都与"存在"的敞开有关。如此一来，为了能使艺术出现，艺术家必须保持敞开于所有艺术的分裂性的混乱，而不是试图掌控它。

后人类的未来？

海德格尔认为古希腊文化中的"存在"的思想模型或

许看起来与我们当代的"在世界中存在"的体验无关。将其作为消逝已久的怀乡症来看待，还是颇有吸引力的。倘若存在着这种伴随昔日文化的成见，在我们所称的"后人类世界"中，海德格尔的思想能提供什么样的价值呢？他的哲学如何能在后人文主义中回答艺术家和艺术的地位问题呢？

后人类的概念由技术对我们生活的方式和理解生活的方式（和由此而来的我们的存在方式）的冲击而产生。正是这种在关系上的根本性改变，使得反思人类和非人类之间的关系、艺术和生活之间的关系成为必需。当技术科学已经开始在人类和智能机器之间创造无缝修复的联合时，所谓的笛卡尔哲学主体的自主性已经在暗中破坏了。一些当代作家和艺术家，例如艺术家斯特拉克，为这种联合欢呼。其他的作家，例如法兰西斯·福山（2002），声称后人类时代只不过反转了权力等级，于是技术成为主宰而人类变成了技术的奴隶。这就是座架解蔽的命运。其他人更多的是在大概地设想着，后人类世界将不再有能感觉和感受的人类存在，更用不着去担心他们的"存在"了。

N.凯瑟琳·海尔斯在她的书《我们如何成为后人类：控制论、文学和信息学中的虚拟人体》中写道，后人类并不意味着人性的终结，它也不是反人类的。对于她来说，后人类涉及人类和非人类之间的共同关系。这种共同关系或合作包含发展新的思维方式（此方式关乎成为存在意味着什么），并提供一个机会来重估我们与其他"存在"的关系。这本书的问题就是：海德格尔对人与技术关系的考问，如何（或是否）为我们提供了一些思维模式，以便我们能通过这些情况来思考。

与吉尔·德勒兹（他的哲学预见后人类）不同，海德格尔的现象学方法将其哲学树立在人文主义传统上。建立于海德格尔的存在哲学之中的人类作为"此在"的特权地位确证了这一点。我们将会回忆起：我们将"此在"从世界上的其他实存物中区分开来，因为它正是能思考其自身"存在"的存在。什么使人类变得独特？海德格尔说：只有人类能考问"存在"是什么？

然而，我们也能回忆起，对于海德格尔来说，"存在"囊括了一切实存物，即任何实有的东西。它包括人类和非人类存在——动物、物体、化学过程和分子。存在构成了这些实存物或生物的本质。海德格尔认为，正是这种存在方式的共同感觉，使人类与其他一切实存物不可分割。于是，"在世界中存在"就是人类与其他一切实存物的存在方式。

后人类社会并不意味着人类的终结，而是表明了人与技术和世上之物的不同关系，那么海德格尔的思想还有怎样的价值呢？正是因为海德格尔为人类与技术的新型关系铺设了道路，他的著作通过这种关系可能的样子来帮助我们思考。海德格尔对艺术家的去中心化和他对人与技术关系的反思，为我们提供了一条道路。这条道路既摆脱了作为天才的艺术家的主观主义观点，也摆脱了艺术家被降低至持存物的观点。一些人（例如福山）担心在后人类的未来中，技术将会压制我们，而这条道路为我们人类提供了另一种选择。

共同招致与归功

　　在《技术的追问》中，海德格尔关于制作银盘的例子，使我们能够以不同的方式思考我们与技术和世上其他物体的关系。这种诠释也为我们重新审视被创造者打通了道路。海德格尔是这样开始的：他告诉我们，银匠师傅并非在制造银盘。相反，他提出，为了银盘之作为银盘而出现，银匠与其他合作者共同招致了它，并归功于其他合作者。这些共同招致包括：制作盘子的银（质料）、盘子的观念（外观）以及此祭器将要如何被使用的意图（划定范围）。（《技术的追问》,1954）它们与银匠一起将某物带入显现。这就是被创造者。

　　海德格尔对被创造者的重塑，要求我们这些艺术家对两样东西提出考问：我们自身与人类的关系和我们与之打交道的非人类的实存物的关系。这种考问在人类与技术相融合的后人类世界中越来越有意义。不过，海德格尔是如何实现从艺术家制造艺术品这样的日常理解到艺术家只是共同招致艺术品出现的实体之一这样的观念的呢？

　　在我们关于艺术的日常思维中，艺术家使用其设备与材料作为达到目的的手段来实现艺术品的创造。在这种日常思维中，工具主义占主导地位。海德格尔说："目的（艺术作品）得到遵循，工具（材料、技艺和助理）得到应用的地方，工具性的东西占统治地位的地方，也就有因果性起支配作用。"（《技术的追问》,1954）此时，海德格尔指出：我们对技术的工具主义性理解之根源来自因果性的观念。

　　海德格尔指出：亚里士多德首先提出了解释因果性的

"四因说"。对于亚里士多德来说，他所识别出的第一个原因是"质料因"。它就是某物借以被制造出来的物质或材料。在海德格尔制造银盘的例子中，"质料因"就是银。比如说，我们可以想象一下由塑料、石膏或橡皮泥所制造出来的祭盘。此类的实存物的存在与银盘的存在是完全不同的。第二个原因，"形式因"，与物体采取的形式，或材料参与进入的形状有关。祭盘的成形可以与衣服、雕塑、绘画或陶罐的成形相比较。每件物体都以其自身的方式出现。第三个原因，"目的因"，是制造某物的目的或意图。制造某物的意图会决定物体的形式，因此，它与"形式因"和"质料因"的关系就变得明显了。这样一来，用来喝水的容器就需要能够容纳和持有液体，并防止渗漏，且有一个可以进嘴的光滑边缘。用于团体的宗教祭祀仪式这一目的，决定了它作为祭器的形式，并影响了作为制作原料的银的选择。例如，与之相反，梅拉·奥本海默在《皮毛餐具》（1936）中的覆盖皮毛的杯子、碟子和汤匙，将不会在祭祀的宗教仪式上使用，至少在现有的制度性宗教中是如此。由于其质料，《皮毛餐具》也不会为一个下午茶聚会提供餐具。将充满热流的毛唇杯子带入某人嘴边所暗示的行为，对于庆祝团体仪式与喝茶两者都是不传导的。最后，所区分出的第四个原因是"结果因"。结果因乃是造成最终对象之物。在银盘的例子中，它就是银匠。（《技术的追问》，1954）

主导了技术现代理解（包括艺术的创造）的手段和目的论，一直关注造成某物的原因，以及引起结果的原因。因为这个原因，海德格尔认为，是"结果因"，或者说是艺术家，被视为艺术作品的创造者。在利用达到目的的手段中（包括使行为概念化和将作品外包），作为创作作品或使某作品诞生的人，艺术家会签上他们的大名。委托创作的艺术家的中心地位是毋庸置疑的。

然而，海德格尔对被创造者的反思以及他对因果性的再阐释，产生了一个颇为不同的推动力，这种推动力将掌控和转换工具主义为操心和归功。此处，我将回到导入本章的引言并展示：海德格尔如何推翻因果性的锁链，并坚持认为艺术家感恩于使艺术现身的其他共同合作者。他声称在《技术的追问》中艺术家的责任并非来自他们作为"结果因"的角色，或者因为他们在工作中创造出那个最终对象。海德格尔梳理出一种介于银匠、银和盘之间的不寻常关系。因为质料共同招致了盘子，所以盘子也归功于银。（《技术的追问》,1954）更进一步来说，如果没有盘子的概念，一个银盘不会成为盘子。同样，如果没有划定团体宗教仪式的界限范围，一个银盘也不会成为一种祭器。按同样的方式，我们也可以说，杜尚的《喷泉》（1917）要归功于对"艺术世界"的范围之划定，使其能够被视为艺术而不是一个小便器。在海德格尔的观念里，这些招致方式也归功于银匠的努力，即"考虑它们为祭器的生产而达乎显露并进入运作的情形如何。"（《技术的追问》,1954）

尽管海德格尔认为因果性的重构（将其作为共同负责和归功性）有着重大的伦理学的必要内在性，但它也不是像我们所想象的那样是一种伦理学论断。他的重构来自他对因果性之本质的考问。他坚持认为，因果性的本质并非如现在思想所认为的那样，仅仅是固有原因与效果的判断。海德格尔将"causa"一词的词源追溯到古罗马和古希腊时期。[1] 尽管"原因"一词在古罗马的名称是"causa"，但古希腊人所用的术语是"aition"。在古希腊的思维中，"aition"承载着另一种含义。他认为，当古希腊人在思考它的时候，因果性就是"使尚未在场的东西进入在场之中并到达"。（《技术的追问》，1954）此刻，对于海德格尔来说，"aition"意味着"招致另一个东西的东西"。（《技术的追问》，1954）以此为基点，他得出这样的结论："四因说"应当被重新思考，手段与目的的轨迹应当被颠倒。当我们开始接受这样的观点：人类使用材料和方法来实现一个艺术性的目的，海德格尔声称：四种共同招致的因素使得某物进入现身状态。这样，在对手段与目的的因果链的颠覆中，我们可以重塑"艺术之关系"：艺术家、工具、设备、观念、材料和过程共同负责了艺术的现身。

被创造者重塑的重要性，在当代艺术家对相关过程的全盘思考中立即变得很明显。尽管一些艺术家或许仍在其工作室独自工作，但我们已经看到在当代艺术之中艺术家们采用一些实践的模式，他涉及与其他艺术家、工匠、商人等的新型配置和新型关系。在这些合作当中，一些人是出于对作品数量或技术复杂性的考虑。像安塞尔姆·基弗这样的艺术家，在其实践中保留了亲手创作的方法，直接与其"助手"一起工作。其他艺术家采用不插手的观念化途径来工作，即作为主持人的艺术家构想出点子并指导一

1.词源学是对词语的历史的研究：它们的起源和它们如何开始具有了当前的含义。除了提供吸引人的洞察力之外，它还是海德格尔所使用的一种策略，以使我们能够考问我们对事物的成见。——原文注

系列进程，而其他人执行其指导并将艺术作品完成。这种情况由来已久，例如在1922年，斯洛·莫霍里·纳吉开创了一个先例：他打电话给一个广告牌画工，在电话里，关于他想画什么，他给了画工一些指导。作为结果产生的画作便是《电话图像》（1922）。

此刻我们需要停下来，评估一下在我们关于艺术合作的讨论中我们走到了哪儿。首先，我们可能会注意到，在所有被引用的案例当中，艺术作品被归因于作为构思者的艺术家，而不是归因于整个一群人。尽管一些艺术家会致谢，并标注其助手的名字，但这绝不会总是如此。在对助手的那种达到目的的使用中，会保留一种工具性。这些关系的形式与合作不同，例如吉尔伯特和乔治，以及查普曼兄弟，他们的作品才被看成一种合作。其次，被用来描述这些实践的术语是"合作"而不是"共同负责"。最后，当我们讨论"合作"时，我们偏重所指的是其他的人类合作者。

当海德格尔谈论共同招致和归功的时候，他提出了一个很激进的转换。在他看来，人类和非人类成分——材料、观念与目的——都共同招致，不是为了制造作品，而是为了艺术的现身。尽管海德格尔关于银匠和银盘的例子被用于产生一个有关技术与人类之关系的哲学性观点，但是其思想的轨迹对于重塑我们关于后人类世界的艺术之思考却有重大意义。

一个当代的例子将证明这一点，并将我们带回有关后人类世界的艺术家之角色的考问。在2003年的威尼斯双年展上，澳大利亚艺术家帕特丽夏·皮奇尼尼在她的画展《我们是一家人》中展览了一件名为《年轻的家庭》（2002）的艺术品。从主题来说，这件艺术品是一个寓言式的作品，关注的是技术和人类的关系问题。它说出了生物技术的操纵问题，并且关心对于后人类世界的人类来说这意味着什么。

在《年轻的家庭》中，那些硅、聚氨酯、皮革和人发等"材料"被转换为哺乳的牛-人状生物，她正在给一群牛-人状婴儿喂奶。伴随着她那半透明的皮肤、纤细的体毛、有静脉的皮肤、妊娠的斑纹和其他非常人类化的缺陷，我们期待着这群婴儿的母亲所产生的呼吸。我们以前曾见过这种逼真的图形，拿让·穆克的雕塑来说，例如他那浮肿且筋疲力尽的《孕妇》（2002），以及约翰·安德烈的《寓言：库尔贝之后》（1988）。然而，在皮奇尼尼的《年轻的家庭》中，那种不可思议产生于这样的事实：它是人，也不是人；它同时是牛、母猪和人。

帕特丽夏·皮奇尼尼，与和她同时代的达明安·赫斯特一样，构思出作品来并雇佣专业技术的艺术家来完成它。对于《年轻的家庭》来说，她与雕塑家萨姆·金克斯和萨姆·汤普森订立了合同来制作其装置中的物体。和穆克一样，金克斯也受过电影特效的训练，并且除了为皮奇尼尼的主题工作之外，也开始在其自身的雕塑中运用这些技艺。他为《年轻的家庭》所带来的逼真性也同样是其自身作品的特征。在这群人当中，我们如何能理解"艺术家"和"合作者"之间的关系呢？

皮奇尼尼将其角色描述为主持人与艺术家，在此角色中，她把人类、材料、过程和技艺聚集在一起，使她能实现她的想法。她评论道："我构思作品，然后把零件拼凑起来……如果我没有一大群人来从事这些计划，就会玩不转。我不希望我的想法被我的物质条件所限制。想法是最重要的。"

促使艺术品《年轻的家庭》（2002）出现的海德格尔式的归功和共同招致的网络图，揭示了一套复杂的关系，此种关系涉及此作品的出现过程。艺术家皮奇尼尼所归功的想法，是从科学和伦理学那儿得到的，尤其是生物技术。因此，《年轻的家庭》在某些方面归功于变异与变异性。反过来说，将这些关于变异性和后人类的想法转换为材料形式也归功于硅、聚氨酯、人毛、皮革这些质料。同时，质料也归功于萨姆·金克斯的雕塑和铸造。萨姆·金克斯和他的技艺与材料一起共同招致了一种变形，此变形促使这些变异形式从材料的潜质中出现。反之，金克斯也归功于这些材料的慷慨，还归功于詹姆斯·汤普森，后者处理皮革的技艺使前者的作品得以完成。汤普森归功于皮革材料的慷慨。然而，如果没有对艺术世界划定范围，尤其是因皮奇尼尼的邀请（为了在威尼斯双年展上展览）而提供的开幕式，所有的努力都会化为乌有。这个事件提供了一个开幕式，让作品作为《年轻的家庭》前来现身。

最终，我们需要返回来考虑皮奇尼尼对作品的参与和责任。用海德格尔的术语来说，她只是"使某物进入在场之中而到达"。（《技术的追问》,1954）皮奇尼尼谨慎地应对着想法、人类和非人类的合作者与环境，在此过程中，她构思作品，并推动让作品现身的关系之网络，最终将各部分全部带入现身。在全部的工作中，她归功于此过程中的其他参与者。海德格尔将其称为"艺术性与诗意的带入显现和具体的形象……一种带出，一种产出。"（《技术的追问》，1954）

重要交往

海德格尔对艺术关系的重塑，正如我通过参引皮奇尼尼的艺术实践所举例证明的，可以被阐释为在构成艺术实践的复杂合奏中对人类和非人类因素两者的授权代理。海德格尔看起来并没有意识到其想法的激进性。这种遗漏或许部分是历史性的。当海德格尔在1949年至1954年创作《技术的追问》之时，人们基本上还未曾想到把代理归结到物体上的可能性，至少在西方是如此。对他来说，突破这个框架去思考也是不可能的。在当代，重塑了人与科技之关系的技术科学领域的激进变化，已经使我们突破"将人作为一切因果性的标准"这一范式去思考。[1] 毕竟，这是历史性的特殊性，这种特殊性将不同的年代彼此区分开来。

1.这种思路被科技哲学家例如布鲁诺·拉图尔和丹娜·海勒威所采纳。——译者注

在操心、招致和归功的关系（艺术生产以此为特征）中，艺术家或工匠不再是艺术作品唯一的创造者或掌控者。相反，艺术家与其他因素共同招致了"艺术"的带出与显现。从这一视角来讨论，艺术实践必须包括对其他作用因素（这些因素组成了特定艺术的合奏）的特定反应能力或与其他作用因素的联系。它意味着关于人与技术的混合之精确状态的新型思维方式。

在我们的当今时代，生态的必要性再度唤醒了一种关注，去建立一种同技术的新型关系。海德格尔对技术性思维的批判，以及他对人与技术之关系的反思能力，为我们提供了一条道路，以便对艺术中的关系问题进行不一样的设定。我们可以开始谈论"伴随技术、材料和过程的技艺"而不是"对技术、材料和过程的掌控"。根据这样一种对创造性生产的解释，海德格尔对人与工具关系的重新审视（将其作为操心、归功和共同招致）可以预见在后人类艺术实践中的种种关系。

评论家通常倾向于更多地关注海德格尔对技术性解蔽的悲观预测，因而往往忽略了他有关人与工具关系之重塑理论的激进性。然而，我要指出：他的思维挑战了我们当前对艺术性关系的理解，并促使发生了这样一种转换：从材料的工具主义使用转变为可处理性和重要交往的观念。对于我们同工具的关系问题，它提供了一种新型的思维方式，这种思维方式在创造性实践的后人类"理解"中起到引领作用。

在本章中，我已经着手于海德格尔对"作为天才的艺术家"之现代主义观念的批判，以及他对"作为共同招致和归功"之因果性的改造，以便重塑艺术作品中人类与非人类因素之间的复杂关系。尽管海德格尔或许没有预见到后人类世界，但他反思人类与技术之关系的召唤，对我们弄清使艺术现身网络的后人类理解，被证明是最具创造性的贡献之一。

从美学到伦理学

第七章　从美学到伦理学

几乎是从人们开始专门思考艺术和艺术家的那个时代起，此种思考就被称为美学。美学把艺术作品当作一个对象，而且把它当作感知的对象，即广义上的感性知觉对象。现在人们把这种知觉称为体验。人体验艺术的方式，被认为是能说明艺术之本质的。无论对艺术享受还是对艺术创作来说，体验都是决定性的源泉，一切都是体验。但也许体验却是艺术死于其中的因素。这种死亡发生得如此缓慢，以至于它需要经历数个世纪之久。（《艺术作品的本源》，1935）

海德格尔的反美学主义

针对美学，海德格尔在《艺术作品的本源》和《尼采》（第一卷：作为权力意志的艺术）里提出了他的案例。在21世纪初期，对美学（例如政治美学）之兴趣的复活，和现代主义美学（海德格尔在《艺术作品的本源》和《尼采》中对它是如此尖锐批判）相比，承载了一种新型的转折。这种"新"美学将审美体验置于涉及作品的参与者（包括人类和非人类）之间的关系与交往之中，而不是置于对物质物体或艺术品的欣赏之中。尼古拉斯·伯瑞奥德（2002）的关系美学理论和米歇尔·塞雷斯（1995）的网络激发性过程美学为美学的重塑奠定了基础，并且诸如第11届卡塞尔文献展（2002）的全球性活动已经建立了政治性的、伦理性的和大众性的可能性，这些可能性导致了在某种政治美学之内的政治与美学的联合。此时，审美体验不再是某个个性化的艺术观众对某个艺术对象的感性理解。审美体验涉及众多的关系与联系，美学价值是通过这些联系的效用而建立起来的。

当海德格尔着手其对美学的批判，并考问艺术是否仍然是"对我们的历史性存在起决定性作用的真理的一种基本和必然的发生方式"（《艺术作品的本源》，1935）时，这并非他在1930年可以设想的转折事件。1928—1929年在柏林时，他正在为黑格尔的美学演讲录（黑格尔在其中宣称了伟大艺术的终结）创作后记。对黑格尔和海德格尔两人来说，由于艺术的美学框架，艺术不再是存在的"真理"得以揭示的基本方式。他们认为，当艺术不再是真理的持有者时，也就不再有艺术的存在必要。海德格尔坚持认为，当艺术不再是一种必需时，它会"作为只为了少部分人娱乐的作品而存在……这证明艺术已经失去了其成为至高无上的力量，失去了其绝对性的力量。"（《尼采》）

海德格尔对美学的批判源自他这样的评价：现代艺术

已经变得与生活脱节。他将现代艺术与早期（前苏格拉底）艺术伦理观念做了比较（在后者的时代，艺术被看作是为我们如何生活提供指南），并坚持认为这一点已经被一种与感官理解相联系（即体验）的艺术观念所替代。当体验不仅为艺术的理解和娱乐性提供标准，同时也为艺术的创造提供标准时，他坚信这便是艺术死于其中的因素。

尽管海德格尔同意黑格尔的论断（即伟大的艺术已经成为历史），他并非和黑格尔一样悲观。他发现了伟大艺术之回归的可能性。对于海德格尔来说，"伟大的艺术"并非意味着与"低俗"艺术相对立的"高雅"；它不是由历史学家或理论家所书写的，也不是被批评家所嘲笑的。他对"伟大的艺术"的定义来自他对艺术本质的界定，即与人们日常生活有所区别的艺术，为理解我们的"在世界中存在"提供了一个伦理基础。"伟大的艺术"之所以伟大，是因为它具有世界历史性的意义，并且因为它完成了一项重要的任务："它显现了……存在者整体的存在"，(《尼采》)因此，对于海德格尔来说，"伟大的艺术"扮演了决定性的角色，因为它打开了"存在者整体之真理，即无条件者、绝对者"。(《尼采》)故而，在其"真理-揭露"的特性中，它为如何生活于特定历史性语境之中提供了指导。所以，造成伟大艺术之所以伟大的，不是艺术作品的质量，而是一个"绝对需要"的问题。(《尼采》)作为一种绝对性的需要，艺术与一种生活伦理相联系。

艺术的伦理性观念

海德格尔转向艺术的伦理性观念之诉求可以根据其对早期希腊艺术与生活的理解之倡导而置于上下文中考虑。尽管早期希腊时期艺术活动丰富，但海德格尔告诉我们：前苏格拉底的希腊人并不需要艺术理论。正如我们可以从第三章里回忆的，在现实生活中，他们并不表象性地预先设想他们的世界（艺术理论却是这样做的），而是保持着向存在的敞开状态。他们的态度根植于一种对眼前之物的敞开与暴露。这使得存在的真理得以向他们揭示。对于前苏格拉底的希腊人来说，真理不是如现代科学所言的正确性，而是关于存在的产出。在这样的思路下，伴随其他一切揭示"真理"之模式而来的艺术和工艺都是技艺，不是制造模式，而是一种认知的模式。正是这种揭示"真理"的能力使得艺术在如何生活方面为希腊人提供了指导。希腊社会提供的是一种艺术的伦理性观念而不是一种艺术的审美性观念。

尽管在希腊时代艺术不可避免地与一种生活的伦理性观念相联系，但是海德格尔认为，在现代，无论对于艺术家来说还是对于作为整体的文化来说，艺术都不再扮演此种角色了。这就是他所谓伟大艺术之死的意思。在《尼采》的第1卷里，海德格尔坚持认为：艺术的审美性观念替代了艺术的伦理性观念，造成了伟大艺术之死。这种死亡从柏拉图开始，在美学作为关于艺术与艺术家的特定理论且占优势的18世纪达到高潮。

海德格尔认为，正是在柏拉图和亚里士多德的时代，艺术的理论化开始了。尽管"美学"这一术语直到18世纪才出现，苏格拉底时代的希腊式思维为艺术的一切未来理论和探究设置了参数。海德格尔将艺术的概念化定义为由质料到形式的转换，并将柏拉图的理想式的概念化定义为：在思考艺术之中的两种互相联系以及关键性发展，造成了艺术的伦理性观念的逐渐动摇。

希腊人在未定型的质料和形式之间所做的基本的区分，仍然为我们思考艺术创造传递许多信息。正是通过艺术家的造型行动，未定型的质料才被转换并获得某种形式。这就是我们在前儿章里所讨论的"质料-形式"结构。海德格尔承认，这种关于艺术的思维方式是非常有说服力的。在艺术关涉到从质料到形式的转换时，技艺被理解为一种生产的模式（制造或加工）而不是一种认知或显现的模式。就生产模式而言，人类陷入了生产和掌控的艺术之中。当"艺术"一词意味着"人类的生产能力……并作为一种原始认知时"，（《尼采》）它就意味着美的对象的生产或制造。在这个讨论中，令人困惑的问题浮现了出来：这种"质料-形式"的概念性形式是如何将美和美的事物相联系的？美学是如何开始将价值和美相联系的？

美与真理

美是我们当代常用语的一部分，以至于我们很少去思考其本源或意义。尽管有时我们可能会谈论"内在美"，但总体而言，当我们讨论美和美的事物时，我们指的是物或人的外在形象。如果物或人外表看起来是有吸引力、可爱、漂亮或精致，他们就是美的。然而，海德格尔解释说：美与外貌之间貌似合乎逻辑关联并非天生的。这种关联是随着柏拉图有关理念的阐述而出现的。

从第三章的讨论中，我们回忆了理念是柏拉图赋予"不变的先验形式"的术语，这种先验形式只能被思维能力（即人类理性能力）所理解或"看到"。在柏拉图的哲学里，理想世界的形式、理念都先于任何存在而存在，而且是我们现实模型的模板。世界上的一切事物只能是理念的次等模仿或复制品。根据黑格尔的解释，这种"理想的东西"成为了我们关于美之概念的模型，它本身是美的东西。如此一来，海德格尔指出："借助于观念的方式，艺术作品才能作为'最能闪现者'出现在美的标识中"。（《尼采》）然而，海德格尔指出，外观美的观念取代了早期希腊人"美即真理"的理解。只要外表形式仍然存在，理想形式或理念的"相似"之处就会丢失。艺术模仿也只能成为不完美的理想形式的副本。这就是为什么柏拉图将画工放逐出理想国的原因。

在我们理解美的流行样式、时尚和品位时，海德格尔让我们回到美之事物的本质，以证明我们关于美的观念已经变得如此任性固执。他告诉我们，美的事物"无非是那个东西在自行显示中把这种状态生产出来"。（《尼采》）此时，为了能充分领会他的观点，我们需要在《尼采》之文本和《艺术作品的本源》之后记之间游走。对于早期希腊人来说，美并非仅仅依据某物外表所带来的快感而存在，而是存在于某物存在的真理被揭示之时。海德格尔指出，美，就是"作品中存在的真理和作品本身"。(《艺术作品的本源》，1935)

在我们理解美的常识性方式中，第二章里看到：霍米·巴巴与安尼施·卡普尔的雕塑《幽灵》的邂逅，揭示了关于其自身感知的某种"真理"。早期希腊人会将这种真理作为美来理解。对于我们来说不证自明的东西，却曾经作为神奇之物震惊希腊人，并使他们思考和惊讶。对于早期希腊人来说，惊讶就是美的东西。

尽管在前苏格拉底时期美与真相联系，然而，在现代时期这种关联被切断了。美的事物已经开始变为与我们对某物之外观的欣赏和愉悦有关。海德格尔指出，这种结果就是"对艺术之美的沉思明显地甚至唯一地被置入与人类感情状态即审美的关联之中"。(《尼采》)从作为真理的美到作为一种理想的美的事物，这种下滑或许始自柏拉图，然而却是在18世纪与现代时期才实现了其完成。伴随着理性与科学的优势，以及人作为主客体关系中的主体，人类运用其理性能力发出了关于趣味与美之问题的判断。理性给予了人类设立理想的能力，并由此模仿和形成对象的世界。当人类的理性开始提供万物的度量，艺术便成为了单纯的体验，它不再提供"对我们的历史时代起决定性作用的真理的基本和必然的发生方式"。(《艺术作品的本源》，1935)艺术也因此变成了美学。

美学简史

美学是哲学的一个分支学科，它出现于18世纪的启蒙时期。在"知识爆炸"产生的学科分化中，哲学分裂出三种不同的组成部分：逻辑学、宗教学和美学。逻辑学以其关乎真实性的问题成为哲学的一支，伦理学成为人类特性与道德的知识，而美学关乎对美的事物的识别、知觉和感受。当艺术不再维系着一种伦理的功能时，它就被降低到感官快乐的边缘地位，而不能提供我们生活的核心之物。在这样的学科分类中，艺术不再具有对真理的要求。

尽管我们对美学的当代理解常常以伊曼努尔·康德的《判断力批判》（1790）著称，美学这个术语最初是有亚历山大·鲍姆嘉通在其《关于诗的哲学沉思录》（1735）中创造出来的。鲍姆嘉通是笛卡尔的追随者，但是他觉得笛卡尔对理性知识的偏重导致了对美学经验的排斥。鲍姆嘉通坚持认为，理性知识和逻辑不能顾及我们在参与文学和造型艺术中所发生的那种"清楚而混乱"的认识类型。鲍姆嘉通吸取了表达感觉和感知的希腊词语"aesthesis"来系统性地建立了一套美学理论。

在启蒙运动的话语知识爆炸中，绘画、雕塑和建筑艺术成为了"美术"。作为美术，它们被划定在美学之伞下，关注美的事物的产生。正如海德格尔在追溯美学史时所明确指出的：

> 美学就是对艺术的沉思，其中，人类与艺术中表现出来的美的情感关系，成为了一切规定和论证的决

定性领域，并保持着一切规定和论证的起点和目标。这种艺术和艺术生产的情感关系可能是一种创作关系、享受关系或者接受关系。

目前，在艺术的美学考察中，艺术作品被规定为被生产出来的艺术之美，成为与情感状态相关的美的载体和激发者了，被设定为某个"主体"的"客体"。对有关艺术作品的美学考察来说，决定性的是主体——客体关系，而且是一种情感关系。作品成为一个对象，而这个对象的表面是"生活体验"所能达到的。（《尼采》）

海德格尔强调：当我们的生活体验为艺术欣赏、娱乐和艺术创造设立标准时，艺术便死亡了。我们自身对艺术世界的体验或许可以使我们相信海德格尔的态度。我们只要去到画廊的开幕式，在某个开幕式之后的第二天参观画廊，或者去参加经典音乐会，便可以确证海德格尔的担忧：艺术是为了少数文化精英的娱乐。当艺术开始关乎浮华场景或审美愉悦，它便不再提供一种如何生活的模式。海德格尔认为，在现代世界，当科学获得了对真理的支配地位，艺术被降低至一种休闲性的消遣，某种文化活动的领域或许会被视为提高生活品质的东西，但是肯定不会被视为对生活起根本性或决定性作用的东西。对于海德格尔来说，这就导致了艺术——作为对于我们的生活方式显得重要的某种东西——的缓慢死亡。如此一来，我们可以断言：美学是一种元素，它使艺术恰好在其中死亡。因为它使艺术降低为一种伴随着其他文化活动——例如运动、泡吧、看电影、逛海滩或参加美食等。

海德格尔对艺术作为体验的保留意见或许可以从他对尼采"权力意志"概念的批判中推断出来。海德格尔声称，尼采视"艺术为生命的兴奋剂，是某种刺激和提高生命的东西"。（《尼采》）海德格尔将此称为"艺术的生理学"，坚持认为"将艺术移交给生理学，似乎无异于把艺术降低至胃液功能之程度"。他担心，当对艺术的理解被立足于感情或情绪，艺术就走向了终结。在一群依靠感觉的人群中，任何东西都不会得到揭露或揭示。此时，阐释便消失了。

罗斯·吉普森对"审美体验"的价值评估提供了一个相反的视角。吉普森在强调它时很谨慎，就是因为审美体验以体内的知觉开始，它不包括进入知觉的瓦解。他认为：审美诱导的理念产生于这种审美体验，人们深深地感受到这个理念，恰好是因为我们因触动而思考，而不是仅仅被触动。这样一来，他坚持认为艺术在日常生活中仍然是重要的，并且担当了行动的动力。或许，它的角色不是海德格尔所设想的"生活的指导"，但无论如何，艺术停止了为文化精英的娱乐而存在，并且再一次开始具有世界和历史的意义。海德格尔认为艺术中的真理包括思考和阐释的任务，而吉普森的观察给我们带来了"审美状态"的问题。

在其关于审美判断的专著中，康德识别出了作为判断的审美状态之区别性特征。对于康德来说，为了产生审美判断而所需要的审美状态乃是"无功利"，这当然不是我们去参加足球赛或参加摇滚音乐会时所体验到的东西。无功利并非意味着缺乏兴趣，而是将我们实际的日常生活中的顾虑抛在一边，以便我们可以体验作品自身。这或许听起来像海德格尔的对作品的存在之"观点"，不过无功利是一种不同的顺序。审美态度关乎对艺术的沉思，它不受制于我们日常中实际的顾虑、担忧与希望，它需要排除的是某种客体或艺术作品所可能有的那种与生活的联系。

我们可以回忆起：对于海德格尔来说，"此在"从来不是对世界的无功利的观察者，而是被抛入世界应对与关注各种事物。海德格尔关注作为"此在"之基本状态，这或许有助于解释为何海德格尔对审美态度有这样一种轻视。与生活内容相关的联系一旦被排除了，所剩下的一切都是艺术作品的形式部分，它品质卓越，令人陶醉，它既无害也无用，或者用叔本华的话来说就是"生活的镇静剂"。

在形式的抽象性层面，艺术的简约在格林伯格的形式主义中达到了顶峰。作为现代主义最重要的部分，克莱门特·格林伯格倡导一种纯粹，这种纯粹号召每个艺术形式简化为实现介质的"纯粹性"和独特性的形式。格林伯格坚持认为，自我批评的任务变为消除任何从生活中借来的东西，或者从其他艺术形式中借来的东西。他提倡：

> 每一种艺术都可以成为"纯粹的"，都可以在其"纯粹性"之中发现其品质标准的保证以及其独立性。"纯粹性"意味着自我定义，并且在艺术中，自我批评的任务变成了带有报复性的自我界定。

格林伯格支持一些艺术家，他们是莫里斯·路易、肯尼思·诺兰德和杰克逊·波洛克。他们抽象的作品关注绘画的特定品质，即表面的平滑、支架的形状和颜料的特性。在这样的观念下，艺术除了形式的抽象性之外没有存在的价值，并且不标榜其他任何东西。在现代主义的兴盛时期，艺术成为其自身，并完全同生活相剥离。

受海德格尔的影响，现代主义的后现代批评开启了艺术与生活的分离状态。后现代批评坚持认为，价值和美并非普世的或至高的品质，而是相对的和基于文化情境的品质。价值判断和对美的判断是作为文化与意识形态的构成而被揭示出来的。基于这样的评论，美学被用来加强特定的社会、阶级结构和意识形态立场，而不是揭示任何普遍的特性。从普遍性到社会结构的动态变化中，美学判断成为了被嘲笑的术语，"价值"问题被附庸于意识形态。

一种伦理——美学？

反唯美主义的后现代主义出现了一种新的美学兴趣。如我们所指出的这种新的美学关心的不仅是感性经验，而是回到术语"美学"（aisthetike）的词根，根据意识、知觉和感觉将其作为人类行为的研究。当代美学和早期美学循环的区别在于，它现在关心的是全球生活与政治。这可以从许多当代艺术事件和双年展中看出来，例如1998年悉尼双年展、第11届卡塞尔文献展和2007年第5届亚太当代艺术三年展。

第11届卡塞尔文献展正是一个典型，说明了从现代主义那种不关心政治的美学到政治性和伦理性美学之潜在趋势的转换。第11届卡塞尔文献展的艺术指导奥奎·恩维佐指出，它的目标在于产生直接的政治行为，以应对当前的全球化状况。这种"新的日程表"再一次把艺术当作一种知识来强调。恩维佐将第11届卡塞尔文献展作为一个论坛，在其中，艺术家和文化理论家规划与全球化状况有关的知识网络，并提出战术和策略。此时，我们开始看到一种在"艺术"和其他研究形式（尤其是那些社会科学）之间的混同，这是海德格尔所要警告的一种趋势。他认为，人类学家、社会学家、政治科学家、历史学家、哲学家和现在的艺术家们，在对人类行为做出理论总结的努力中，陷入了事物与存在的实体世界，因而不能对存在者的存在提供洞察。

尽管海德格尔的评论是悲观的，但他也坚持这样的信念：如果艺术被重新授予伦理学的地位，它就可以提供应对现代时期之困窘的"拯救性的力量"。"艺术作品的本源"的目的在于重建艺术和真理之间的联系，并期望这种努力能贡献于西方社会对艺术角色与价值的反思。通过对艺术的考问，海德格尔提出与黑格尔相反的希望就是："伟大的艺术"或许能再次为某个时期的历史独特性提供洞察，并成为揭示存在者之存在的一种重要的方式。

政治美学能否提供向前的道路，并且能拯救当代艺术与艺术思维？尽管对于新的政治美学来说有一种强势的伦理学维度，但海德格尔不一定会将其视为现代性和艺术的救世主。对后者而言，它变得太像人类学了。不过，就艺术行业对艺术的掌控来说，政治美学当然能提供一种与之相反的力量。它将艺术的本质重新认定为一种绝对性需要，而不是作为艺术鉴赏家基于愉悦性体验的一种运作，或者引导我们方向的政治美学。

　　从这个讨论中，我们还可以得出一个更进一步的、非常重要的伦理学维度。正如海德格尔所坚持认为的，在我们这个技术官僚的时代，像其他事物一样，人类已经被降低至一种资源，政治性的美学也再一次为存在者的存在提供了一个机会。如果政治美学能够协调传统美学观念和艺术的伦理性维度之间的关系，它或许可以对开始规定当代生活的技术座架提供一个重要的反向力量。这便可以为伟大艺术的再次到来提供准备。

艺术研究

第八章　艺术研究

　　作为研究，认识对存在者做出说明，即存在者如何以及在何种程度上能够为表象所支配。当研究可以预先计算存在者的未来过程，或者能事后计算过去的存在者时，研究就支配着存在者。可以说，在预先计算中，自然受到了摆置；在历史学的事后计算中，历史同样受到了摆置。自然和历史便成了说明性对象。并且这种说明性表象计算着自然，估算着历史。自然和历史也因此才被视为存在着的。唯当存在者之存在于这种对象性中并被寻求之际，科学研究才出现。

　　这种对存在者的对象化实现于一种表象，这种表象的目标是把每个存在者带到自身面前，从而使得计算的人能够对存在者有真实感受。当且仅当真理已然转变为表象的确定性之际，我们才达到了科学研究。（《世界图像的时代》，1950）

背景 [1]

在1999年1月，大卫·霍克尼前去参观在伦敦国家美术馆的安格尔画展：

> 我被他那极为美丽的肖像画迷住了——惊人的面部表现，但对我而言似乎是以一种不自然的较小比例画出来……多年来，我已经画过很多肖像画，所以我知道像安格尔那样画画需要多少时间。我肃然起敬。"他是怎么画出来的？"我问自己。

观赏安格尔画作成为了霍克尼重大研究计划的基础，这个计划促成了一本书的出版——《隐秘的知识：重新发现西方绘画大师的失传技艺》（2001）。霍克尼所研究的问题非常简单，即在那个条件有限的时代，安格尔如何能够以较小的比例画出如此惊人标准的肖像？从一个画家的自身体验来说，霍克尼觉得：安格尔通过直接观察和徒手绘画似乎是不可能实现如此准确的。在提出疑问的过程中，霍克尼有了这样的预感：安格尔是使用了一种暗箱来画画的。为了验证这个猜想，他做了一个试验。在试验中，他建造了一个暗箱，并用这个装置来制作技术性辅助的绘画作品。通过分析由"辅助"的画作和"大师"的画作所呈

1.本章的语境化来自巴雷特和波尔特的文章《魔力在于应对之中》（2007）。
——原文注

现的品质，并通过仔细比较无辅助的徒手绘画（或他所称的
"目测"绘画）所呈现的品质，霍克尼在论文中指出：自文
艺复兴早期开始，西方艺术家不仅意识到而且已经开始依
赖镜片来创作生动的绘画作品。尽管先前的学者已经通过
那个时代的艺术家知道暗箱的用法，但霍克尼开始证明了
它作为艺术家工具的意义，并展示了它在15世纪早期的绘
画实践中是如何产生一种范式的转换的。

在霍克尼的专著里，我们认识到研究的一些关键特
征——研究的问题、假设或预测、对此领域中先前研究的
调查、方法论、分析结果的系统方法和对结果的讨论。霍
克尼的研究不同于更多已有的实验研究法，它有一种非常
特别的实验研究法，这种方法是从画室的实践中产生的，
而不是从"可靠和正确的"实验研究法中产生的——后者
要么是诸如自然科学和人文科学领域之特征，要么是艺术
史的史学方法之特征。

文化研究

正如我们在之前的章节里所讲到的，科学已经成了为
真理和认识承担责任的规则。在伴随着启蒙运动而来的知
识爆炸之中，逻辑成为了涉及真理问题的专门领域，伦理
学受控于人类特征和道德的知识，而作为审美的艺术被降
低至"纯粹"体验的领域。直到20世纪末21世纪初，艺术
才再度以知识生产的合法领域而出现。这次出现有其复杂的

历史背景，但关键因素之一乃是在学院中的艺术体制化。[1]此时，由于文化研究的迫切需要，艺术研究作为研究的特定领域出现了，其目标是将自身从其他领域区分开来。

艺术研究（也可称为实践引导性研究和创意艺术研究）的发展，已经改变了艺术学校、艺术学院和大学里的艺术系的运转。艺术家不仅创作艺术，而且也承担了艺术家-研究者的角色，并组织引导对艺术的研究。在创意艺术中，研究生教育的引入已巩固了我们词汇表里的"研究"之地位。

这本书创作于这样的一个时期，在此时期内，艺术研究处于这样的过程之中：划定范围，界定概念和方法论，以及在一个更广阔的探究领域中建立它作为研究领域的地位。正如它此前的社会科学和人文科学，艺术研究的发展已经持续处于卓越的研究"模型"（即科学研究）的阴影之中。为了在研究中建立可信度，创意艺术需要证明其手段与方法是合理的，并树立研究成果的有效性。

那么，我们对象之范围是什么，什么样的假定支撑了创意艺术研究的规则呢？例如，实践研究如何能够发展成为一种现成的研究模式，如何成为一种实践知识，而不仅仅是理论性知识，或者是现成之物。我们对"真理"的理解是什么？艺术研究所能做出的"真理命题"是什么？这与科学研究的真理相比较会如何？海德格尔关于艺术和研

---

1. 概念化艺术重新审视了我们对"什么构成了艺术"的理解。它用"这是艺术吗？"用提问代替了"这是艺术"的断言。后现代主义的反美学主义及其对现代主义的基本概念——真实性、独创性、真理和意向性——的批评，进一步削弱了现代主义的必然性，并使艺术引人注目。——原文注

究的思考，为我们思考创意艺术研究既提供了挑战，也提供了机会。我在此处引用他对科学研究的深刻批判并警示我们：如果它（比如科学）打算采用座架性解蔽的话，危险或许会降临在创意艺术上。

本章着手探讨艺术研究发展中的风险，它的目标在于把那些由本书形成的许多概念汇聚起来，以便解决艺术研究所提出的问题。本章始于提供一个深入的解释性阅读，它关乎科学研究的批评，是海德格尔在《世界图像的时代》（1950）一文中所提出的。然后，本章将展示科学批判是如何同等地被运用于创意艺术研究的。最后，本章设定方案，使艺术能够找到走出科学研究所面临的僵局的方法。通过回归海德格尔关于作为座架的技艺和产出的技艺之间的区分，本章比较了科学的"真理"命题（对应相符理论）与海德格尔的诗意真理观念。本章关注诗意解蔽的重要性，而不是关注作为研究客体的"艺术作品"，展示了思考创意艺术研究中"真理"的独特性、创造性方法。为了与本书的前面章节保持协调一致，本章的目标不仅仅在于介绍一些关键概念，同时也在于使海德格尔的思维提问方式始终处于显著地位。

科学研究

在《世界图像的时代》中，海德格尔开始了他对现代科学的审视，并指出这个术语与中世纪或早期希腊时期的意思不再相同。在那时，科学定义为知识（episteme）、知识的研究或知识的理论。[1]尽管对希腊人来说，实验涉及对物体自身的观察，而现代科学的实验却是这样开始的，即颁布某个规则、设置控制条件以及制定初步大纲。这样一来，当希腊的科学关注认知时，现代科学的本质却是研究。（《世界图像的时代》，1950）

海德格尔识别出了三种关键的特征，它们将科学研究与早期的科学观念（程序、方法和自我延续的不间断活动的观念）区分了开来。总体来看，这三种特点使得科学能够在技术官僚时代作为知识生产的模型占据主导地位。

"程序"事先草拟了大纲，此大纲提供了轮廓并为科学研究给出了形式。程序包括标准化的研究步骤（研究者遵循它以便进行研究）、一个既定的"同行评议"系统（为了评估研究中的"真理"命题）以及发布研究结果的体系。在对"事先草拟"和"初步大纲"这些短语的使用中，海德格尔着手探寻：科学研究是如何将假设与构建并维持研究的程序相结合的。

初步大纲"预先草拟了一种方式，在此方式中，认识程序必须联系自身并维系已开启的区域。"（《世界图像的时代》，1950）程序标准化确保了不同研究之间的结果都可以得到证实。通过程序标准化，其他研究者也可以对研究加以复制，以便从研究中验证那些结果。正是这些研究结果之间的一致性，使得科学成为了"真理"。这是海德格

---

1. "episteme"（知识）是"epistemology"（认识论）的词根，"episteme"乃是知识的研究或知识的理论。——译者注

尔"维系性遵循"的一面，它提高了研究的缜密性，并建立了其"真理"命题的有效性。

科学研究的第二个特征是方法。在科学与社会科学之中的每一个学科和领域——物理学、人类学、心理学、地理学、生物学、数学——都依附于一种特定的客体范围，每一个学科和领域持有许多关于此客体范围的假设（包括条件在内），这种假设解决了我们如何认识存在的问题。学科也提供"方法论"，通过它，研究也能够真的继续下去了。例如，在物理科学中，当一套实验的方法被采用后，实验就按照先前确立的基本规则来操作，这种规则提供了实验得以继续的基础。实验的角色既可以是确证规则的，也可以是反驳规则的。然而，海德格尔坚持认为，科学方法论的规范性是问题的一部分，也是认识的构建方式。这个"方法"创造了一个循环，即实验的方法通过已知来解释未知，并通过未知验证已知。如此一来，与希腊人对科学的理解（即作为对事物自身的观察）形成对照。海德格尔坚持认为，科学研究从来就不是靠对事物的仔细观察，而是依据已知来检验未知；它是一种依据既定规则来确证或反驳，也是作为表象的对号入座。

研究的第三个特征作为"不间断的活动"来运作。正是通过这种方式，它建立了其信用，并创造了一种自我延续的行业。在研究所、研究孵化器、书籍、期刊、在线期刊和会议之中，我们看到这种不间断的活动，并且在不间断的活动中，大学和学院成为焦点。同行评议是这种循环中的一部分，通过其活动的历史性与严密性，使研究树立了其命题的"真理"。

所有活动的目的都关乎这个学科的延续。海德格尔认为这样的结果是，不间断的研究建立了一种自我延续的活动。这种活动不再关乎观察事物自身，而是关乎在其目的性上工具主义的东西和产生数据的世界快照或图像。海德格尔提出，在所有这些不间断的活动中，人类使用他们"计算、计划、铸造的无限力量"，将其作为在世界中树立自我的一种不可或缺的方式。（《世界图像的时代》，1950）

真理

科学真理存在于其程序、方法和不间断的活动之中。通过系统程序和可复制性，科学可以宣称自己为客观性真理。在这里，真理被视为一致性。相反，创意艺术却通常因其研究的主观性和随机性而招致批评。在这一点上，霍克尼的方法论就是一个例子。霍克尼研究中的最初问题，由于脱节，即他对绘画可能性的理解和当他观看安格尔的绘画《戈迪诺夫人》（1829）时所感受到的怀疑之间的脱节。他的预感和随后关于安格尔绘画的视觉假说，源自他在自身绘画实践中使用投影装置和摄影技术的经历。正是由于他有画家的经历，他预测出了他所发展出来的特定方法论，用以检验其绘画实验室中的观察资料。最后，霍克尼聚焦于特殊性而不是一般性来检验他的命题。

创意艺术研究通常看起来是模糊的，无法量化的和无法检验的，因为它的程序和方法在作品中出现并贯穿于作

品，而不是被某学科领域所预先指定。至少在学术中，创
意艺术缺乏可靠性，因为方法无法准确复制，而且在不同
研究中结果的一致性并非受重视的目标。因此，创意艺术
研究并不能满足真理的"客观性"标准（这种标准能使它产
生为科学接受的真理命题）。

客观与真理（通过度量和计算）的对等成为了科学研究
的传统标志，这也是其他学科的目标。这些学科试图使自
己成为研究领域的参与者。这样一来，正是围绕着"真理"
和真理命题的问题，我们才有可能开始讨论研究中所涉及
的重大利益，并开始将科学研究从"艺术研究"之名的研
究领域中区分开来。

在前面的章节里，我们已经讨论了海德格尔对艺术（作
为"真理"的解蔽或无蔽）的理解。然而，在一个技术官
僚的世界里，我们已经开始认为：真理关乎一致性和正确
性，即物质（我们所观察到的）和我们所知的（知识）之间的
符合与一致。海德格尔告诉我们，命题性的真理一直就是
处在正确性之中的，而确定性的真理只是某个主题的一种
变化。在现代时期占主导地位的真理观来源于柏拉图，并牵
涉到依据特定的、用于确立真伪的标准来界定真理，真理根
据命题性真理而界定，这就是支撑科学研究的真理形式。

研究程序

大致来说，依据科学研究运作的计划遵循了一个类似

的模式。正如我们所看到的，研究过程包括研究者验证一个研究问题并精确地解释该研究。研究者进行文献性调查以"绘制"在某地所做的研究，并建立该领域中的先例。从该领域的分析中，研究者验证了该领域中的分歧，并提出假设或命题。研究者的学科知识使他或她开始探寻一种适当的方法和方法论，以便检验该假说。通过已有的方法论，研究者安排实验、面试和调查来搜集资料，以便分析之用。最后，对所搜集的"事实"分析要么证实该假说或命题，要么证伪它们。一旦书面结果出来，研究就被送入同行圈子等着学科体制的检验。

在科学研究的世界里，真理命题总是存在于特定规则和条件限制（它们是事先被规定的）之中的。这就为"提出什么问题或如何提出问题"提供了一个框架或体系。根据这种方法论，一个命题既不是对的也不是错的；不存在真理与非真理的差别。海德格尔认为，这种真理机制树立了以人为中心。

海德格尔对科学的考问要求"本源的"真理，而如何建立这种"真理"，就成为对科学研究批判的中心问题。对于海德格尔来说，在此探寻之中利害攸关的是现代科学（如现代思维所反映的）如何构建了我们对存在的认识和了解。他坚持认为，现代科学的程序和方法已经导致对世界的客体化和座架化，世界成了作为主体的人的资源。海德格尔不同意我们对真理的当代理解，也不同意我们将现代科学视为比早期科学形式更正确、更进步的习惯。

海德格尔对科学研究的辩论

海德格尔的争辩一贯遵循了这样的前提：研究是知识的数学化，它是一种预先构想了其产出结果的思维模式。海德格尔遵循了笛卡尔对科学的理解（即科学起因于预期特定结果的普遍规则），认为限定某个实验的条件是被某种法则所预期的，而这个法则早已设置完成了。[1]在科学的程序和方法中，我们早已看到了这一点。科学研究是通过客体和规则范围的划定来进行的，客体和规则预先指定了什么是要得出的结论。因此，他提出"进行一项实验意味着展现出一种条件，据此条件，在其过程的必然性运动关系才能成为……通过计算事先可以控制的"。（《世界图像的时代》，1950）在这个科学方法论的观念下，框架已经设置好，并且正是它产生了座架。

断言现代科学研究是座架给海德格尔提供了情境，以便在其中发展对表象主义（作为思想的客体化模式）的批评。科学的方法使我们亲身目睹存在被降低为客体，这些客体轮流被降低至持存物。作为持存物，客体表象着主体，存在于为人类所使用的准备之中。世上之物"在那儿"存在，准备着被收集、量化、计算，以及转换为表象，便于人类可以因掌握世界的诉求而使用它们。哪里有一个研究客体，哪里就有一个研究主体。世界及世界中的一切成

1.约多维茨提出：在笛卡尔思想中，未知之物必须总是在已知的法则中得到推测或表现。——原文注

了作为主体的人类的客体。此刻，人类成为了衡量万物的尺度。

海德格尔解释道，尽管智者普罗塔哥拉说过"人是万物的尺度"，但早期希腊人的体验与笛卡尔的"我思故我在"并不一样。在使用术语"尺度"时，普罗塔哥拉并不期待着代表现代科学特征的那种度量和计算。海德格尔认为，希腊人与存在者的关系需要依据无蔽的地平线来理解。在无蔽之中，总是会有那些在地平线之下的保持隐藏之物。这样一来，当普罗塔哥拉说到"尺度"时，他并非意味着可以被量化地计算。他认识到，我们从未可能认识一切事物。尽管现代的观点是科学的认识是无限的，但希腊人认识到，在无蔽之中，仍然会有存在者的隐藏。在真理（无蔽）之中，有非真理（隐藏）。

早期希腊人关于"在世界中存在"的观点与现代人对获知和控制一切的观点形成了对比。我们将从第三章中回忆起，在现代世界，作为一般主体的人类，乃是观看着世界而非在世界中存在。[1]通过科学方法，作为研究者的人类已经开始相信，他们可以获得对一切的掌控。此种观念的结果在我们对科学研究和艺术研究的理解中可以发现："开始了人的存在方式，这种方式占据着人类能力的领域，并把这个领域当作一个量化区域和施行区域，目的是获得对存在者整体的支配。"海德格尔向我们揭示了现代人类观看世界、与世界互动的方式。

---

1. 当人类将眼前的东西设置为物或表象时，世界只能成为一种图像，因此，海德格尔认为，在希腊时代不存在"世界图像"。——原文注

即使诞生于艺术研究之前，视觉艺术也不能免于客体化，即为了获得控制权而对量化和施行的沉迷。例如，对主体与客体关系的结构，对许多艺术实践显示出了重要性。例如，在模仿性绘画中，我们（作为行为主体）将客体设置在我们面前，并使之成为一个表象。在照片或电影中，我们设置框架并制造外面的世界表象。在研究中，存在者的客体化在研究程序、方法以及在后继的研究活动中被立为法规。

海德格尔相信，当任何事物的存在被客体化之后，科学研究（以及伴随而来的艺术研究）便成功了。海德格尔的意思是，通过客体化，"一种摆置，一种表象，其目标是把每一个特定的存在都带到自己面前来，从而使得计算的人能够对存在者感到有把握，也就是对它感到踏实。"（《世界图像的时代》，1950）当且仅当真理被转换为表象的确定性之后，我们才能第一次抵达科学研究（或艺术研究）。

海德格尔所持有的对于研究的根本性反对，围绕着对待实存物——作为语境之外的理论探索（一种在手之物）之对象——的方式。研究产生了一种"有缺陷的关心"态度，因此我们把事物当做科研的对象，把实存物当做统计资料，其特点是可以被测量和清点。更进一步的是，现成事物成了被人类使用的对象。这种研究方法提升了人们看待世界的方式。

当我们实施研究时，我们参与到下列活动之中：树立探究对象，寻找表达方式和在论文中解释这些对象。如此一来，认知—主体/客体—获知的一连串事件——它们为人类将世界作为客体创造出来——在科学研究的形式中到处都可以发现。在实验室里，在社会科学调查和其他研究模式中，存在者被转换变形为纸张上的标记——表格、曲线、图解——以此得摒弃复杂的现实生活。作为某种再度呈现，存在者的存在被搁置了。存在成为了技术性的。我们残留的"图像"是一种存在的异化。

因此，海德格尔认为，客体化、掌控与表象、表象主义携手而行。通过它那将一切降低至客体的能力，科学研究给我们制订了框架；它对我们思考什么、如何思考以及如何与世界互动设置了限制。表象主义降低了世界的丰富性。这样，他的批判不是对模仿的批判，而是对思维模式的批判，这种思维模式通过把世界降低为客体而产生。

艺术研究

我们当中从事于创意艺术研究的人会发现，科学研究的一般性结构被创意艺术所采用。在研究生教育的研究方法课程中，我们找到了佐证。我们的客体对象的范围是什么？什么样的假设支撑了创意艺术研究这一学科的草创？我们对"真理"的理解是什么？艺术研究所能产生的"真理命题"是什么？作为一种不间断的活动，艺术研究的结果是什么？对这些问题的回答确证了：艺术研究的合法性联系于自然学科的定量方法和人文学科的定性方法。

海德格尔坚持认为，作为研究的认识"对存在者作出说明……让其自身为表象所支配"。（《世界图像的时代》，

1950）这使我们回忆起：类似于科学研究的艺术研究，也有一种对可知与可见之物设立框架的倾向。在这种研究层次的降低中，艺术研究具有了成为座架性解蔽主体的潜质。从我们关于技术的前几章里，我们可以看出：座架性解蔽的问题在于它威胁并抵制每一种其他的认识方式。按照作为研究模型的科学的控制，创意艺术研究如何运行起来而不至于陷入一种座架性认识之中？

尽管科学已经获得了对真理的特有权力，但海德格尔坚持认为，艺术而不是科学，才是真理发生的本源。我们早已看到，在真理被视为一致性和正确性的时候，关于真理的假定就预先存在着，而不是作为一种有遮蔽、有无蔽的过程而被揭示出来。海德格尔认为，在科学之中，"真理是对已经敞开的知识领域的培育"。（《艺术作品的本源》，1935）对于创意艺术而言，仍然存在的问题是：我们如何把创意艺术研究作为一种真理的本源性发生来理解？

科学预先设定了一个针对其学科对象的范围，并界定了其特定的方法和分析模式。与科学不同的是，艺术研究所采用的途径，例如工作室研究，通常相异于对研究的一般性期待。艺术保持着这样的假定：我们不能预先知道结果，知识是自然发生的而不是规定出来的。在这个世界中，创意艺术的"真理命题"着上了不同的色调。海德格尔对实践性知识的精心阐述，为我们对其形成概念开辟了一条道路。

实践研究是一种研究模式，它应对的是实践性的研究或者上手之物，而不是在手之物，后者是关于理论性知识的。在关于实践性知识的那一章里，我们开始理解了：对于海德格尔来说，世界是通过我们与上手之物的接触或应对而发现的。在实践之中，解蔽的自然发生这一特点要求艺术研究密切关注在应对之中所出现的东西，而不是预先构想会发生什么。这就涉及关注事物自身。这样，正是通过处理或应对世上的实存物，世界的本质特点才能够以其最初的和原始的方式得以揭示。这就是无蔽的地平线。

对于海德格尔来说，理解真理的首要基础来自生长和产出的第一性。在作为产出的艺术中，最初的和原始的真理发生了。真理不是命题式的，而是以逐渐显露的方式存在的。我们将这种逐渐显露认作"aletheia"（希腊语"真理"），它将某物从遮蔽之中带向无蔽。不是"既定事实"的表象创造了真理，而是真理通过实践而出现。真理是作为一个过程而发生的东西，而不是作为是或非而被评估的东西。正是这种将真理作为过程的观念，成为了艺术自身的中心，也成为了艺术研究的中心。

当代科技哲学家，例如，唐娜·哈拉维和布鲁诺·拉图尔，已经认识到真理从来不可能是客观的。像海德格尔一样，他们坚持认为一切知识都是在存在的语境下被揭示的。哈拉维将此称为"情境知识"。她搁置了科学研究中作为"神之游戏"的"客观真理"的宣称，并要求现代科学承认真理是局部性的和情境性的。

在研究之中，对作为真理基础的"情境性知识"的认识，使我们更加接近于海德格尔的立场。此时，存在者的真理通过直接的实践性经历向此在显露出来。这并不意味着此在决定真理。相反，是真理被揭示给此在。这样一来，我们看到："真理"或锤子的存在通过使用被揭示给此在，而不是通过对在手之物的理论性观察。

如此，我们就可以得出三个观念，它们对我们如何理解艺术研究或实践研究并将其与科学研究区分开来是重要的。首先，真理是解蔽或无蔽而不是作为一致性的确立。其次，真理出现于与世上之物（上手之物）的实践性接触中，而不是通过理论沉思（在手之物）而出现的。最后，真理出现之处乃是一种澄明之境。真理是一种不间断的过程，而非一种可度量的结果。

"总在我们之间"

在其以实践为引导的硕士研究方案"总在我们之间：身体、边界和阈限空间"（2007）之中，视觉艺术家米歇尔·埃利奥特对其实践的观察证明了这三种观念的运转。她观察认为："艺术作品是思考与创作之间的一个链接性过程。"埃利奥特将作品界定为一个过程，也界定为过程的表现。她评论道：尽管"人体艺术"提供了这个过程的身体性证据，但艺术作品"占据了一个临界的位置，一个居中的空间"。在此过程中，思想和材料之间的关系成为了核心的关注。"创作是一种发现的方式，一种作业经历法和材料中的思考。它为一种状态转向另一种状态提供了通道和过渡。"在此种关系中，材料不是艺术作品形成中人所使用的被动资源，而是有一种相互的关系，在其中"我们塑造它们，它们也塑造我们"。

作品"总在我们之间"的外壳使我们想起了艺术作品的反思性。创造不仅是艺术家的领域，它也在工具、材料和艺术家之间的交往的社会关系中进化发展。我们可以回忆起，在被创作者之中，艺术家共同招致并归功于艺术出现过程中的其他合作者。埃利奥特历来承认在这种交往中她的材料和工具的那种积极的、创造意义的特性。她对这些特性的理解通过"应对"这些材料而出现。

例如，在《梳妆台》(滑裙、裙摆和裙箍)(2005)(图1)中选择胶合板来一起合作的过程中，她讨论了不同材料给这个方案所带来的特性："金属看起来太沉重和吵闹，塑料太脆弱。木头看起来是一个好的解决办法，胶合板甚至更好些，因为它使我能够根据自己的目的来弯曲、模铸材料。作为一种材料，胶合板是柔韧的，并且相当结实。"在《梳妆台》中，埃利奥特谈及了"根据自己的目的来弯曲和加工木头"。然而，她发现：当"研究"在不断发展时，她

图1 米歇尔·埃利奥特 《梳妆台》(滑裙、裙摆和裙箍)(2005)

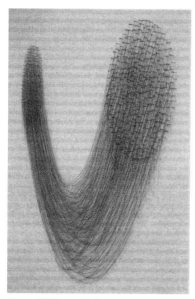

变得更加留心于"事物自身",而不是材料能为她做什么。因此,在后来的作品《半球:被你吸引》(2006)(图2)中,埃利奥特承认了作品要归功于棉线和木销钉的存在。

尽管其研究的"主体"关乎思考和创作之间移动的边界所创造的临界空间,埃利奥特认为:研究过程移动并扩展了她原本建立的边

图2　米歇尔·埃利奥特　《半球:被你吸引》(2006)

界,持续地检验着她的目标和意图。她发现:研究没有遵循一个直线的或直接的进展,而是成为一个揭开未来可能性的呈现。

在其阐释中,埃利奥特比较了她自己的旅行和她的妈妈所经历的一次巧合的旅行。在这个故事里,她的妈妈回到了她所出生并作为年轻女子而长大的城市:

当我走进那个城市并注视我妈妈成为那个年轻女孩,长期存在于我想象的边界之中的东西开始出现,并进入现实经历的世界。我也惊异于听到她在一种语言(她认为她已经遗忘)的熟练中开始重构世界。这

是许多的惊奇和启示之一，它们只有在通过踏上这个旅途才能显露。

对于埃利奥特和她的妈妈两者来说，这都是无蔽的地平线。此时，我们再度回到海德格尔的"被抛"的观念。同她妈妈返回出生地一样，在从事研究的过程中，埃利奥特也从她的过去中被抛出来。从世界（她的研究计划）抛给她的可能性中，埃利奥特抓住了其可能性中的可能，并通过这个"预期的东西"走向未来。埃利奥特利用她过去的经验、倾向和技艺来为将要发生的东西建立可能性。埃利奥特的过去和她妈妈的过去，不是结束的东西，而是在此刻形成了我们的现在、我们现在所做之事和我们未来的计划。然而，我们记得我们的被抛现在还没结束，将来也不会结束。正如埃利奥特所认为："当我既考虑研究论文的成果又考虑工作室作品的成果，并对这个计划做出总结的时候，这个研究的大部分会带着我向前，通过工作室里的不间断工作来超越现在。"

阐释或专论

写完了研究论文之后，让埃利奥特理解并清楚地表达出了在此过程中出现的东西。凯蒂·麦克劳德在博士论文的批阅中声称："逻辑来自事件之后。"作为艺术研究之独特与互补的一些方面，在创意艺术研究中出现的论文，乃是真理命题可以从中产生的方式。当海德格尔介绍语言的重要性时，他强调了这种"价值"，认为"语言，通过首度命名存在者，第一次将存在者带入世界而显现出来"。（《艺术作品的本源》,1935）

在创意艺术命题中，正是通过阐释或专论，语言才显现出来。希腊语意义中"命题"一词的意思是"在无蔽中建立某种东西"，此刻记住这一点很重要。从第二章里我们理解到：这涉及创造一片澄明之境，在其中，存在者的存在被带出而获得显现。海德格尔提醒我们，生产的产出与科学不同，它只出现于已经产生的澄明之境之中。科学的客观主义建立在对号入座的基础上，而生产却能使事物以其自身出现在眼前。如此一来，通过将希腊人的理解带入我们关于创意艺术研究的思考，我们或许可以提出：创意艺术研究命题是一种出现。如果我们持有此种理解，那么我们的命题将不会成为一种对象化（这种对象化把作品限定在某处，使之成为、静止和牢固的东西）。埃利奥特对其研究过程的反思证明：在艺术研究中，艺术作品不再具有人类主体之对象的角色。通过我们和它的接触，艺术成为了一种生活的过程，通过此过程，"情境性的"真理得以揭示。

海德格尔的最初问题关乎研究和知识研究之间的不同，它为创意艺术研究提供了一个警示性的故事。知识研究来自对事物自身的仔细观察，而研究可以树立程序和方法，它们以不间断的方式被应用于产生知识的客体和可验证的事实。海德格尔坚定不移地认为，艺术为我们提供了这种拯救性的力量，因为它不像科学研究那样是简化性的。然而，每次当艺术实践不断采取研究的特点之时，我们就面临着一种终极的危险。如果我们采取"艺术是研究"的观点，可以说，艺术家就和科学家或官僚一样，把世界看做持存物。对艺术家来说，挑战在于抵抗预先构想艺术作品的诱惑，那种方式不能产生一个空间来让作品的存在揭示其自身。不然的话，艺术就被降低至为了达到艺术家之目的的资源了。

海德格尔担心：伴随着研究，学者消失了，只有替之而来的那种从事研究计划的研究者。类似地，伴随着艺术研究，可以说，艺术家消失了，替之而来的是从事计划的艺术研究者。我们不再能创造艺术，而只是在承担计划。这种趋势不仅可以在学院里发现，而且在艺术世界和艺术资助中也是明显的。在所有这一切不间断的活动中，海德格尔相信，我们陷入了一种认识的特定方式，那就是座架。我们遗忘了艺术存在于其自身之中。在我们的计划——研究计划或艺术界的计划——之中，我们有陷入艺术行业的危险。

艺术研究可以被看作是对艺术存在的一种威胁。首先，危险在于它和科学一样，成为了表象主义者。在其作为表象主义者的伪装之中，艺术研究趋于演示原理而不是敞开提问。其次，因为创意艺术有其自身的解蔽的"方式和模式"，艺术研究或许可以被看作是在违背艺术的那种特有的完整性。当我们活动于艺术研究的行业之中时，我们需要记住海德格尔的评论：艺术作品"始终是真理把自身建立于作品中的本己道路和方式。它们是存在者之澄明范围内的各有特色的诗意创作，而存在者之澄明早已不知不觉地在语言中发生了"。(《艺术作品的本源》，1935)

　　关于我将《存在与时间》的讨论适用于苏菲·卡尔的《照顾好自己》之策略，或者我运用制造银盘的例子作为模型和方法来思考后人类的观念，我无法想象海德格尔会怎么看。我们不能设想海德格尔对安塞尔姆·基弗的大型工业规模的雕塑实践的反应，或他对达明安·赫斯特外包其《看在上帝的份上》的生产会作何感想。然而，我所确信的一件事是：海德格尔关于艺术的思考和他对于科学研究的考问，对我们思考当代艺术具有非常重要的意义。

　　在我们探寻现在的艺术之存在方面，海德格尔通过他的考问向我们提供了一条向前的道路。通过这些章节，我试图证实他的命题的生成性：在理解方面，任何真正的"运动"必须通过我们的探究（挑战基本概念而不是为它们辩护的能力）而发生。《解读艺术：海德格尔》呈现了这种挑战。然而，为了建立这种探究和说出疑问，我们首先必须能够适当地形成问题。这是最难的事。

致 谢
ACKNOWLEDGEMENTS

　　我很高兴能参与英国I.B.Tauris公司策划的"重构当代思想家"系列图书的编写工作。我要向苏珊·劳森的倡议和勇气致敬，她建议出版关于当代思想家的丛书，尤其是针对视觉艺术家和视觉艺术类的学生。我也同样要感谢菲利帕·布鲁斯特、丽莎·汤普森和格雷琴·拉迪什对此计划的耐心与付出。通过与我不间断讨论、对话以及对我手稿的仔细推敲，埃斯特尔·巴雷特一如既往地使这本书更加丰富。我要感谢米歇尔·埃利奥特，她允许我花时间欣赏她的艺术作品，阅读她的论文，并写下与其有关的文字。我也要感谢帕特丽夏·皮奇尼尼和墨尔本的Tolarno画廊允许我复制了《年轻的家庭》（2002）。最后，如果不是墨尔本大学通过其"研究假期"科研项目给予我自由的时间，完成这本书将是不可能的。没有比时间更珍贵的东西了。

图书在版编目（CIP）数据

解读艺术：海德格尔 /（澳）芭芭拉·波尔特
（Barbara Bolt）著；章辉译. --重庆：重庆大学出版
社，2022.3
（思想家眼中的艺术丛书）
书名原文：Heidegger Reframed: Interpreting Key
Thinkers for the Arts
（Contemporary Thinkers Reframed）
ISBN 978-7-5689-3049-9

Ⅰ.①解… Ⅱ.①芭…②章… Ⅲ.①海德格尔（
Heidegger, Martin 1889—1976）—艺术哲学 Ⅳ.
①B516.54②J0-02

中国版本图书馆CIP数据核字（2022）第013587号

思想家眼中的艺术丛书

解读艺术：海德格尔
JIEDU YISHU HAIDEGEER

[澳] 芭芭拉·波尔特 著

章 辉 译

策划编辑: 席远航

责任编辑: 蹇 佳　　版式设计: 席远航
责任校对: 谢 芳　　责任印制: 赵 晟

*

重庆大学出版社出版发行
出版人: 饶帮华
社址: 重庆市沙坪坝区大学城西路 21 号
邮编: 401331
电话: (023) 88617190　88617185 (中小学)
传真: (023) 88617186　88617166
网址: http://www.cqup.com.cn
邮箱: fxk@cqup.com.cn (营销中心)
全国新华书店经销
重庆市国丰印务有限公司印刷

*

开本: 890mm×1240mm　1/32　印张: 6.625　字数: 141 千
2022 年 3 月第 1 版　　2022 年 3 月第 1 次印刷
ISBN 978-7-5689-3049-9　定价: 48.00元

Heidegger Reframed: Interpreting Key Thinkers for the Arts

by

Barbara Bolt

Copyright: © I.B.Tauris & Co Ltd

This edition arranged with AITKEN ALEXANDER ASSOCIATES

Through Big Apple Agency ,Inc.,Labuan,Malaysia

Simplified Chinese edition copyright :

2016 CHONG QING UNIVERSITY PRSS

版贸核渝字（2014）174号